成毛 眞
Makoto Naruke

インプットした情報を「お金」に変える

黄金のアウトプット術

ポプラ新書
148

成毛 眞
Makoto Naruke

インプットした情報を「お金」に変える
黄金のアウトプット術

ポプラ新書
148

はじめに

スペイン、バスク州にあるサン・セバスティアンは、美食の都として知られている。旧市街にはバルが立ち並び、そこに舌も見た目も満足させてくれるピンチョスが並んでいる。

おいしそうなウニを使ったピンチョスがあったので、はてこちらの言葉でウニはなんと言うのかとしばし思い悩んでいたら、店主から「ウニ？」と聞かれたのには驚いたが、現地の人も観光客も、思い思いにピンチョスをつまみながら、チャコリという微発泡ワインのグラスを空けるのが、サン・セバの夜の楽しみだ。

なぜ、サン・セバが美食の都として栄えるようになったのか。

それは、食を、プロから提供されてただインプットするだけでは満足できない面々がいたからだ。

サン・セバには「美食クラブ」と呼ばれるサークルがいくつもある。決して料理のプロではない彼らは一緒に厨房に入り、料理というアウトプットを楽しむのだ。

仲間で一緒に料理をするようになったのは、大型のオーブンなど、個人では持てないような厨房機器をシェアするためだったと言われている。

いずれにしても、インプットに飽き足らなかった人たちが、アウトプットを通じて、文化の形成に貢献したのは間違いがない。中には、そこでの活動を経て、プロの料理人に転じた人もいるだろう。

一方で、プロから提供される食に満足してしまって、そこで思考停止に陥っている人もいる。

そういう人に限って、出された皿の写真を撮り、スマホのカメラロールの肥やしにしたり、ＳＮＳにアップしたりしている。この行為にはなんら、生産性が感じられない。

外食時の写真をＳＮＳで公開するのは、ただの記録であり、また自慢にすぎない。

そこから一歩踏み出し、プロの食をインプットとし、同じようなもの、少し違ったものを自分でもアウトプットしようとすると、そのインプットの持つ意味が変わってくる。

それまでは見た目が良くておいしかっただけの料理を、どんな素材をどのように処理し、調理し、組み合わせてできあがったのかという目で見るようになる。とたんに、同じ一皿から得る情報の量も質も上がるのだ。

私は最近、友人たちと美食クラブを作ろうとしている。

自分でアウトプットをしてみると、最初はその下手さ加減に絶望するかもしれない。しかし、そこに予想以上の面白さを感じるかもしれない。そして続けていくうちに、必ず腕は上がっていく。そうすれば、アウトプットは楽しくなる。するとさらに上達する。それがビジネスになることだってあるだろう。

結果として、ただインプットの写真を撮り、胃に放り込んでいる人とは、大きな差がつく。

アウトプットを前提にすると、インプットががらりと変わる。そして、これは、料理についてだけ言えることではない。

現代のすべてのインプットに共通して言えることだろう。


今の時代、情報収集、勉強をして、知識、教養を溜め込んで満足しているようでは、もうダメだ。

得た情報をどう発信して、自分の血肉とするのか、価値あるものに変えていくのか、もっとわかりやすく言えば、「お金」に変えるのかを意識せよ。

それを強烈に意識してより良質なアウトプットができれば、センスが磨かれ、アイデアが生まれ、人脈が広がり、評価が上がり、必ず成果がついてくることだろう。そして、さらなる情報が自分のもとに集まってくる。

本書では、その根幹となる考え方とテクニックをまとめ、「黄金のアウトプット術」と大層な名をつけたが、読者のみなさんにはそのくらい大切な習慣・ルールだと思ってもらいたい。

これから本文でも述べていくが、アウトプットを意識的に行っているビジネスパーソンは極小だ。私の実感としては全体の0・1%にも満たない。となるとアウトプットをするだけで、圧倒的多数の他者と簡単に差別化が図れることになる。

とはいっても、決して難しいことを書いているわけではない。やろうと思えば誰でもできることだろう。しかし、多くの人は「アウトプット」をやっていない。徹底していない。

だからこそ、アウトプットを人生に上手く取り込むことができれば、何も知らない他人からは「自分と何が違うんだろう」と不思議がられ、「なんか上手くいっていてずるいな」なんて羨ましがられるかもしれない。

ＡＩが発達し、「働き方」も大きく変革していく時代において、意識的な

「アウトプット」こそが、成果や結果を出すための「黄金法則」になる。

アウトプットを意識すること、そして実際にアウトプットすることは、インプットだけをしている大衆からの脱出を可能にする。大衆でいたい人には、アウトプットはすすめられない。

情報を自ら発信して、また新たな情報を得る。あなたがやらなければいけないのは、その繰り返しだ。

インプットの時代はもう終わっている。

これからの時代は得た知識や情報を、カタチにできる者だけが生き残っていく。

お勉強はもう十分だ。さあ、思う存分、吐き出そう。

２０１８年３月

成毛 眞

黄金のアウトプット術／目次

第2章　書くアウトプットがいちばんラク　47

書ければ、必ずお金になる！

第3章　やるほど上手くなる！　話すアウトプット術　85

説得、プレゼン、雑談のコツ

第5章　インプットするなら「知識」ではなく「技法」　135

日常に潜む優良インプットソース

カバーデザイン　桑山慧人(book for)
カバー写真　馬場磨貴
編集協力　片瀬京子
校正　東京出版サービスセンター
DTP　アレックス

第1章　アウトプット時代の到来

インプットは、もう終わりだね！

日本の大人はアウトプットが不足している

日本の大人にはアウトプットが不足している。しているのはインプットばかりだ。

職場など周りを見渡しても、目につくのはインプットには興味津々、熱心な一方で、アウトプットが足りていない人間ばかりなのではないだろうか。

アウトプットが不足している人間は、魅力がない。何を考えているかがわからない。

当然だ。何を考えているかを表現することも、アウトプットだからだ。何を考えているかわからない人間は、周りから関心や好感を持たれることがない。むしろ恐怖感を与える。どんなに真面目で正義感があっても、どんなに博愛主義者で、休日はボランティアにいそしみ、困っている人には手を差し伸べずにいられない人であっても、だ。

アウトプット不足は損をする。

そうと頭でわかっていても、アウトプットに苦手意識を持つ人もいる。その理由はきわめてシンプルだ。アウトプットに慣れていないのだ。

ゆとり教育以降、小中学校や高校では、アクティブラーニングが行われるようになってきた。教室で教師から一方的に知識を教わるのではなく、自分はどう考えるかを発表するタイプの授業が増えているのだ。

だから、若い子はアウトプットに慣れつつある。少子高齢化が叫ばれるこの時代、ユーチューバーと呼ばれる若者が数多く登場し活躍しているのは、受けた教育の賜《たまもの》と言えるのではないか。

ところが、ゆとり以前の教育、偏差値偏重の詰め込み教育、インプット重視の教育を受けてきた世代、つまり今の30代後半より上の世代は、インプット・・・・・・だけは長けた人が多い。

勉強好きで、知識が増えるのに喜びを覚える人も多く、そういう人が優秀とされてきた向きもある。

しかし、そこで留まっていては「何を考えているかわからない、むしろ怖い人」で終わってしまう。

自分は誤解されやすい、周囲は自分を正しく理解してくれないと思うことがあるなら、それは、アウトプット不足のせいかもしれない。

そして、次々と社会人デビューするアクティブラーニング世代は、アウトプット能力を装備している。丸腰のままでは、あっという間に並ばれるどころか、抜かされて、置いてきぼりをくらうだろう。

そうなりたくないのなら、今からでも遅くないので、アウトプット能力を上げ、アウトプットを増やすことだ。

いや、アウトプットを増やして、アウトプットの能力を上げるといったほうが正しい。アウトプットは、すればするほどそのテクニックが磨かれるものだからだ。

日本の大人のアウトプット不足の要因は、過去の教育制度になすりつけ、いち早くアウトプット上手になろう。

ＡＩに代替されない仕事は、編集後にアウトプットをする仕事

ＡＩに奪われる仕事、奪われない仕事が、あちこちで話題になっている。

奪われる仕事とは、たとえば、会計監査係員、行政事務職、銀行窓口係、検針員、測量士、電気通信技術者、貿易事務員、保険事務員などである。

一方の奪われない仕事には、ディレクター、編集者、医師、カメラマン、教師などがある。

奪われる仕事と奪われない仕事の違いについてもこれまたあちこちで議論されているが、要するに、人間からインプットを受けて、なんらかの編集をして、アウトプットをする仕事は奪われないということだ。

だとすると、銀行窓口係の仕事も奪われないのではと思うかもしれないが、そこでされている仕事は処理であって、編集ではない。

処理とは、与えられたルールに則って何かをすることであり、編集とは、与えられたルールに則り、その上で、その結果を受け取る側のことまで考えて、アウトプット化することだ。

もしもその銀行窓口係が「あなたの場合は10万円を1万円札5枚と1000円札50枚とで持っていたほうがいいですよ」とか、「お小遣い用なら、珍しい2000円札もいかがですか」といった提案もするのなら、その仕事は奪われないだろう。なぜなら、そこに編集が働いているからだ。

しかし現在のように、客の書いた書類を見て、その通りに入力し、出力されてきた現金を渡すといったような、誰が見ても機械に任せたほうが正確で速い仕事しかしていない、つまりリアクションしかしていない上に、ATMよりも高い手数料を取るのであれば、さっさとAIに仕事を奪われたほうが、ユーザーとしてはありがたい。

一方で、提案のできる銀行窓口係のしていることは、リアクションを超え、客のインプットを理解し、良かれと思うアウトプットを提案する域に達している。もはやコンサルタントなのだ。

AIに奪われない仕事の一覧には、コンサルタントももちろん含まれている。

SNS時代は発信が必要な時代

「男は黙ってサッポロビール」というキャッチコピーがある。昭和の名優・三《み》船敏郎《ふねとしろう》が出演していたビールのコマーシャルで使われていたものだ。

これは、雄弁に語ることよりも沈黙は金であるという価値観に基づいたコマーシャルと言えるだろう。

しかし、今や「男は黙って」という時代ではない。

むしろ、男も女もそれ以外も、多弁であることが求められている。その理由は説明するまでもなく、そこにSNSがあるからだ。

アマゾンで買い物をしたことのない人はいないだろう。

そして、アマゾンで検索し、そこに想像していたようなものが見つからないと、この世にそんな商品などないのではと感じたこともあるだろう。

これは、アマゾンにない商品は、アマゾンで買い物をしたい人にとって、存在しないに等しいことを意味している。いくら楽天にあったとしても、アマゾンしか見ていない人の目には届かない。近所のスーパーに山積みになっていたとしても、立ち寄らない人にはその事実が伝わらない。

その商品のアピールが不足しているのだ。

実際にはプロモーションに大金をつぎ込んでいるかもしれないが、アマゾンしか見ない人にとっては、何一つアピールしていないのと同じだ。

人間関係もそうだ。常にコンタクトを欠かさず、頻繁に訪れる人のことを人はなかなか忘れない。かつて三河屋など酒屋の御用聞きが各家を訪ね歩いていたのは、存在アピールにほかならない。

時代は昭和から平成に変わり、また新しく変わろうとしている今、SNSで何一つアピールしていない人間は、SNSに存在していないに等しい。

そして、SNSをアクティブに使っている私のような人間にとっては、SNSを使っていない人間は、この世界に存在していないに等しい。

そういうほとんど存在していない人間に、誰が声をかけるだろうか、プロジェクトに誘うだろうか、仲間になろうとするだろうか。

「男は黙って」などと言っていると、周囲から忘れ去られるだけである。

それに、サッポロビールは黙っていたわけではない。

「男は黙ってサッポロビール」とアピールしまくっていたし、三船敏郎も、無口なイメージはたしかにあるが、俳優という、体を使ったアウトプットのプロだった。

今でも、一握りの芸能人などはSNSを使わずとも高い人気を保てるが、それは一握り中の一握りの選ばれた人だけができることであって、その他の芸能人、ましてや一般人にできることではない。

自分は一般人だという自覚があり、そこに埋もれてしまいそうな人、一般人というカテゴリーからすら置いていかれそうな人ほど、SNSでの発信が必要だ。

アウトプットしないでいると才能の発見が遅れる

堀江《ほりえ》貴文《たかふみ》という男がいる。

今さら説明は不要だろう。何が本業なのかわからないほど、いろいろなことをやっている。宇宙開発を手がけたり、医療関係の活動をしたり、料理に挑戦したり、お笑いまでやって、アウトプットに余念がない。泳がないと死んでしまう魚のごとく、アウトプットばかりしている。

しかし、実際には堀江はアウトプットばかりをしているのではない。驚くほど、いろいろな人に会い、いろいろな話を聞いている。インプットも膨大にしているのだ。

その膨大なインプットを、普通の人よりもかなり高性能な頭脳で処理し、膨大なアウトプットにつなげている。

アウトプットに対して尻込みする人の中には、アウトプット慣れしてないことをその理由に挙げる人もいる。

はっきり言うが、それがアウトプットしない理由として通用すると思っているなら、一生、何があっても、アウトプットは上達しない。

アウトプット慣れしていない人は、言うなればスキー慣れしていない人である。

スキーに慣れ、上達するにはスキーをして慣れるしかないのに、慣れていないからとゲレンデに出ようとしない。これではいつまでたっても慣れるはずがない。

アウトプット慣れしていない人は、免許取り立ての初心者ドライバーでもある。

路上は教習で経験しているが、事故を起こしそうで怖いからできることなら乗りたくない。そうやって避けているうちに、路上教習での感覚を忘れていき、ますます事故が怖くなり、運転に慣れるはずもなく、かくしてペーパードライバーとなる。

アウトプット慣れしていない人は、かたくなに英語を話そうとしない人である。

英語は中学高校で6年間、インプットしている。それだけインプットしておいて、まったくアウトプットできない人はいないはずだ。大学へ行った人ならなおのことだ。

しかし、文法が間違っていたり発音がおかしかったりすることを恐れて、できる限り英語を発することを回避する人がいる。そういう人に限って、自分の英語力を必要以上に問題視していて、テキストを買い込んだり、英会話学校に多額の〝お布施〟をしていたりする。買ったテキストも読まずに積んでおくだけではインプットにすらならないのだが、それはさておき、こういう人の英語が上達する未来は想像できない。

アウトプットしないと、アウトプットは上達しないのだ。

さらに、アウトプットしないと、アウトプットの才能の発見が遅れてしまう。スキーでも車の運転でも、同じように教育を受けたはずなのに筋がいい人がいる。その筋の良さは、やってみなければ誰からも発見されない。天才的スキー指導者であっても、スキーをしたことのない人の中からスキーの才能を持つ人を見つけ出すことはできない。

F1ドライバーもカリスマタクシードライバーも、運転をしたことのない人に「君は運転の筋がいい」と声をかけたりはしない。もしも声をかけたなら、そのドライバーはカリスマではなくただの予言好きだ。

アウトプットをしないということは、そこにあるかもしれない才能の発見の機会をロスし続けるということだ。

さらに重要なのは、仮にスキーが今一つだったとしても、そのことは、車の運転の才能の有無とは無関係であることだ。あるアウトプットの才能がなかったとして、それは、ほかのアウトプットの才能の有無とは関係がない。

泳げない野球選手、球技が苦手な長距離走者は珍しくない。音楽と数学的才能、サイエンスの才能とエッセイのセンスに関しては相関があるように感じるが、それはまた別の話にとっておこう。

英語だって、話してみて「上手いね」と言われればとたんに自信がついて上達するものだ。アウトプットすることは、アウトプットの自信を得るチャンスでもあるのだ。

才能は他人が決めるもの

ＳＮＳをぼんやり眺めていると、うならされるような文章、ハッとさせられる写真、目が離せない動画、などなど、素晴らしい他人のアウトプットが目に入る。

それと比べて、自分の文章は、写真は、動画はどうしてこんなに下手くそなのかと落胆する必要は、一切ない。

理由は二つある。

まず、ＳＮＳで広くシェアされるものは、多くの人が評価したもの、つまり、みんなが「これはいい」と思ったものばかりなので、上手いもの、心を動かすものばかりに決まっているからだ。

それに比べて自分のアウトプットは……と悩むのは、ウサイン・ボルトや桐《きり》生祥秀《ゆうよしひで》よりも足が遅いことを嘆くようなもので、見当違いも甚だしい。

また、多くの人はアウトプットをしていないことを、忘れてはならない。たいていの人は、インプットしかしていないのだ。インプット一辺倒の人間は、他人のアウトプットをいいとか悪いとか、好きとか嫌いとか、論評はするものの、自分自身ではアウトプットをしていない。自分ではしゃべる勇気がないくせに、『シン・ゴジラ』での石原《いしはら》さとみの英語を批判するような、まさに外野の存在だ。

インプットするだけの人が1万人いるなら、アウトプットもしている人は10人にも満たないというのが私の実感だ。SNSも、そこでアウトプットをしている人は一握り。たいていの人は、「いいね！」を押すことすらせず、ただタイムラインを眺めている。その理由は、アウトプットには原動力が必要だからだろう。インプットは知らず知らずのうちに行っていて、だからこそ情報過多に陥るのだが、アウトプットは知らず知らずのうちに行うことはできない。しようと意識しなければ、アウトプットはできないのだ。

なので、まずアウトプットをしようと決めてその通りにするだけで、そのアウトプットが自分の満足のいくものでなくても、凡百のインプットだけの人々よりも、はるかにクリエイティブだ。

ゼロに比べて100ではなくても、1でもなくても、せめて0・1ではある。そして、0と0・1の間は、0・1と100の間よりも遠い。

では、0・1の人が努力をすればいつか100になれるかというと、残念ながら、そうとは言えない。

誰もがトレーニングさえすれば100メートルを9秒台で走れるのではないのと同じように、持って生まれた才能の個人差は残酷なほど存在する。

しかし、ただ100メートル走を見ているだけの人と、実際に走ってみる人との間には、埋めがたい溝がある。

それに、走ってみないと、それを誰かに見てもらわないと、才能があるかどうかはわからない。人間は、自分のことはよくわからないのだ。

某国の大統領が、自分を精神的に安定している天才だと主張したことは記憶に新しい。

それほどに、自己評価と他人からの評価は隔たるのだ。才能に関しては、他人の目で、それもできるだけ多くの他人の目でジャッジしてもらったほうがいい。

また、この本で主に触れる文章、そして話術というアウトプットは、スポーツや芸術に比べると、才能の影響度が小さい。ある程度の反復練習で上達しやすいアウトプットだ。

だから、やらないよりやったほうがいいのである。

アウトプットはオープンな場で

アウトプットは、アウトプットをすることでしか上達しないし、数あるアウトプットのジャンル、文章、話術、写真、動画、絵画、音楽、ダンスなどなどの、どのアウトプットの才能があるか、伸びしろがあるかも、やはりやってみないことにはわからない。

先ほど書いた、音楽にも数学にも才能があるとされる人物は、音楽にも数学にも挑戦していなければ、才能は埋もれたままだったはずだ。もしかすると過去には彫刻にもチャレンジし、それは諦めていたかもしれない。とにかく、多才とされている人は、多くのことにチャレンジし、そのうちのいくつかの才能に気づいた人だと言える。いつでも語られるのは上手くいった話ばかりなのだ。

では、その才能にはどう気づいたのかというと、やはり他人から指摘してもらうに限る。

「成毛さんって、〜ですね」という他人の指摘はたいていが、「あら、あなたには私がそんな風に見えてたの」という驚きの感情を誘発する。

裏を返せば、自分のことは自分ではわからないということだ。自分がどんな人間なのか、どう見えているのか、どこが他人より秀でているのかは、案外、自分より他人のほうがズバリと的確に見抜いてくれるものなのだ。

である以上、アウトプットはフィードバックが得られる場ですべきである。つまり、オープンな場だ。

プライベートゲレンデではなくパブリックなゲレンデで、私有地ではなく公道で、日記帳ではなくSNSで、試すべきだ。

最初は、たいていの場合、反応がない。

よほどフォロワーが多くない限り、一つひとつに反応があるとは思わないほうがいい。しかし、ときどき反応がある。たとえばフェイスブックへの投稿に「いいね！」がついたりつかなかったりといった具合だ。

「いいね！」がつくということは、そのテーマなり表現なりが評価されたということだ。

褒められたと受け止めていい。次もその路線を守りつつ、新たに「いいね！」が得られそうなテーマや表現がないか、探してみる。

外からのフィードバックは、アウトプット上達のための最高のアシストになる。

そうしてオープンな場所でアウトプットをしていくと、不思議なことに、いつの間にか〝客〟を意識するようになる。最初は反応そのものを気にするのだが、徐々に、その先にいる人間を意識するようになるのだ。

すると、ますます、テーマ選びや表現方法に関心がわくはずだ。サムズアップアイコンの隣に書かれた数字を増やすことではなく、どこかにいる誰かの心を動かすことに面白みを覚える頃には、すでにそのアウトプットには慣れているし、少しは上手くもなっているはずだ。

相づちはアウトプットではなくリアクション

「いいね！」について触れたのでもう少しだけこの話を続けると、あなたが、「いいね！」ボタンを押すことは、アウトプットではない。

「いいね！」ボタンをクリックしたりタップしたりすることは、誰かのアウトプットに頷いているにすぎない。普通の会話でたとえるなら相づちや合いの手のようなもので、誰かのアウトプットの添え物にしかなり得ない。

相づちや合いの手だけを並べても、なんのクリエイティビティも感じられない。誰かが作ったプレゼン資料に「いいんじゃない？」と言っているようなもので、プレゼン資料作りの足元にも及ばない。

誰かの発言にコメントするのも、アウトプットとは言いがたい。

なぜなら、テーマを見つけ、それを取りあげようと決断し、いかに表現するか工夫するというプロセスが、コメントの場合は希薄だからだ。

特に、反対意見を言うのは気楽で無責任。誰かに言われなければ気づかなかったようなテーマに我が物顔でいっちょ噛みできる。「どうぞ反対意見を言ってください」と促されての発言のようなもので、主体性がない。オリジナリティもクリエイティビティもない。

相づちも合いの手も、もっと言えばコメントも、ただのリアクションにすぎないのだ。そしてリアクションはアウトプットではない。

それに対して、アウトプットはリアクションではなく、アクションだ。自分から起こして、誰かのリアクションを引き出すきっかけだ。

ときどき、トークスキル向上のためにお笑い番組を見るという人がいる。それが効果的かどうかはひとまずおいておくが、そのときに見るお笑い番組は、漫才やコントでなくてはならない。決して、バラエティのひな壇に並んでいるお笑いタレントを参考にしてはならない。

彼らのリアクション芸は、たしかに素晴らしいのかもしれない。しかしそこから学べるのは、素晴らしいリアクションでしかない。

それに、テレビから安易にインプットを得て、学ぼうという姿勢がすでに間違っている。テレビ番組は、戦略的に見なくてはならない。ありふれたテレビ番組からインプットを得る時間があるなら、アウトプットに費やすべきだ。

もちろん、リアクションをしている時間があるなら、それもアウトプットに回すべきだ。

リアクションは一見、アクション的で、かつ、楽でもあるので、そこに時間を使っていると、なんとなく満足してしまい、アウトプットの意欲をそいでもしまう。

インプットはもう十分に足りている

インプットをするくらいなら、その時間をアウトプットに費やすべき。私がそう断言するのにはもちろん理由がある。

今の日本の大人は、インプット過多なのだ。アウトプットがまったく足りていない一方で、インプットばかりが過剰になっている。まったく運動しないのにカロリーばかりを摂取しているような状態で、これでは消化不良を起こすし、健康に良くない。何事も、入れるならそれ相応に出さなくてはならない。

インプットはもう十分に足りている。この事実に反論できるのは、たとえば以下の経験がない人だけだ。

朝、寝床でスマホをチェックする。
今じゃなくていいのに、歩きながらでもスマホを見る。
LINEなどには即レスしないと落ち着かない。
ニュースアプリを二つ以上スマホに入れている。
そのアプリを最低でも1日に1回はチェックしている。
スマホのバッテリーが残り少なくなると落ち着かない。

スマホを手に持ったまま、スマホを探す。

長時間SNSにログインしないとみんなが自分を心配するのではないかと思う。

SNSでの話題についていけないと焦る。

SNSでいち早く新しい話題に触れると嬉しい。

知らない言葉が出てくるとまずググる。

記憶が曖昧だとグーグル先生に確かめる。

何かをする前にひとまず学びたいと考える。

本を読むことが好き。

本を読んで、面白かったらそれで満足する。

アウトプットが足りていないと感じると、アウトプットに関する本（たとえば本書）で学ぼうとする。


つまり、この本を手にしている時点で、勉強熱心、インプットにかなり前向きなのだ。

当然、本書以外の本も読んでいるだろうし、ネットニュースも見ているだろう。

あなたは、本を読まない人、さらには、ネットやスマホがなかった時代に比べると、インプットしすぎである。自覚はないかもしれないが、それがいちばん、やっかいだ。知識の消化不良、無駄な情報による皮下脂肪の厚みアップ、中性脂肪と悪玉コレステロール増加、ストレス蓄積が起きて当然だ。

このアンバランスを解決するには、インプットを極端に減らすか、アウトプットを極端に増やすか、インプットを少し減らしてアウトプットも少し増やすか、どれかしかない。

脂肪を減らして健康になりたければ、絶食か、毎日20キロ走って筋トレするか、食事を少し減らして運動を少し増やすか、どれかしかないのとまったく同じ理屈だ。

アウトプットは文章だけではない

私はこれまでに何冊も本を書いているし、ＨＯＮＺという書評サイトを主宰しているし、『週刊新潮』にも書評を書いていて、アウトプットの手法として文章表現を用いることが多い。次の章以降で文章表現に文字数を費やすのはそれも理由の一つだ。

しかし言うまでもなく、そして先ほども少し書いた通り、アウトプットは文章だけではない。アウトプットにはほかにも種類がある。

文章表現以外に私が好むアウトプットには、たとえばプラモデル作りがあるし、料理がある。これらはすべて、アウトプットだ。

先に述べたが、トーク、写真、動画、絵画、音楽、ダンスはすべてアウトプットだ。スポーツもそう、ゲームもそう、ものづくりもそう、どこかへ出かけていくのもそうだ。自分の脳だけでなく体も使って、主体的に何かしらの成果を残すことは、すべてアウトプットと言える。

なので、もしも挑戦してみて文章の才能が今一つだとわかっても、恐れることはない。ほかのアウトプットの才能を自分の中に探す、つまり、ほかのアウトプットを試してみればいいだけだ。

たとえば写真や動画の撮影といったアウトプットを試すには、かつては高額の機材が必要だった。しかし、今はスマホがあればどちらもできる。

ものづくりのプロセスや結果を多くの人に見てもらい、フィードバックを得るための場を探し出すのは、やはりかつては大変だった。ところが、今、インスタグラムのアカウントの作り方を知らない人はいないだろう。ユーチューブへの動画のアップの仕方がわからない人もいないはずだ。

つまり現在は、インプット過多なだけでなく、アウトプットのための環境も十分に整っている時代だ。

今、ここでアウトプットをしないのは、まさに宝の持ち腐れだ。

また、文章でのアウトプットの才能があるとすでに自覚している人がいるなら、別のアウトプットの才能も見つけておくことをおすすめする。なぜなら今は誰もがSNSで文章を書く時代だからだ。

文章の才能は、SNSがここまで普及した今となっては、ほかのどの才能よりも見つけられやすい。もしもその才能が、文豪と称されるほどならこれはいらぬ心配だが、しかし、そこそこの才能であるのなら、文章だけでは心許ない。文章プラス、ほかの何か。これが、今の時代に身につけるべき最低限のアウトプットの技法だ。

アウトプット手段は文章を書くことだけではない。しかし、中心にあるのは文章、言葉による表現だ。

アウトプットの天才、三遊亭圓朝と二葉亭四迷

今ほどアウトプット環境が整っていなかった時代、日本には二人のアウトプットの天才がいた。

一人は落語家、三遊亭圓朝《さんゆうていえんちょう》だ。厳密には二代目の圓朝で、江戸末期に生まれ、明治時代に活躍した人物。後に大圓朝と言われ、その名跡を継ぐ者はいまだいない。

　圓朝は落語家でもあったが、作家でもあった。怪談話の定番である「牡丹灯籠《ぼたんどうろう》」や「真景累ヶ淵《しんけいかさねがふち》」、人情話の傑作「文七元結《ぶんしちもっとい》」、2015年に亡くなった入船亭扇橋《いりふねていせんきょう》が得意としていた「鰍沢《かじかざわ》」などは圓朝の作品だ。年末になるとあちこちでかけられる「芝浜《しばはま》」も圓朝作と言われている。

　落語には「七段目《しちだんめ》」や「中村仲蔵《なかむらなかぞう》」など、歌舞伎から派生した話が多いが、圓朝の作った「怪談乳房榎《かいだんちぶさえのき》」は、落語から歌舞伎にもなっている。

　圓朝はこれらの作品を、当然ながら落語として世に出した。アウトプットのためのツールは声だった。

　その圓朝の物語性十分な語りを聞いて、語り言葉は声に乗せて聞かせるだけでなく、書いて読ませても十分に面白いものになるに違いない、そう気がついて、実行したのが二葉亭四迷《ふたばていしめい》だ。

　二葉亭四迷の代表作「浮雲《うきぐも》」は、それまでの文語体とは異なり、リズム感のある口語体で書かれているが、これは圓朝の影響を大いに受けているとされている。その二葉亭四迷の試みを真似て、森鷗外《もりおうがい》や夏目漱石《なつめそうせき》が誕生していくのだ。

それまでは別のものとされていた話し言葉と書き言葉を隔てる垣根がぐっと下がったのは圓朝と四迷、この二人の天才がいたからだ。

これからももしかすると、文章と、今は文章とは違うと思われているものが、どこかにいる天才によって融合される日がくるかもしれない。もし彼らほどの天才がいなくても、環境は格段に良くなっているのだから、そういった奇跡が起こる可能性はむしろ上がっている。

アウトプットの時代に生きていると、こういった楽しみも持てる。

落語界とはほど遠いところに現代の圓朝が、まさかという場に現代の四迷が、まだその才能を誰にも見つけてもらえないままに生きているかもしれない。

そしてそういった天才の持ち主は、この本の読者に中にいるかもしれない。

実に楽しく可能性にあふれている時代を我々は生きている。

第2章　書くアウトプットがいちばんラク

書ければ、必ずお金になる！

文章術は小中学校で身についている

私がアウトプットの基本に据えるのは文章を書くことだ。

もちろん、日本語で書くことだ。日本人にとってこれほどイージーなアウトプットはないはずだ。

なぜなら、詰め込み教育時代でも、国語の授業では、アウトプットのためのテクニックを身につける時間が設けられてきたからだ。

夏休みの宿題の絵日記、読書感想文、卒業文集に寄せる作文、どれも書いたことがないという人はいないだろう。

日本の義務教育を経験しているということは、文章の基本は身についているということなのだ。もうこれ以上、文章術を学ぶ必要はない。

だから、文章上達のための本など読まなくてよろしい。分厚いものは絶対にいけない。文章を書くにはこんなに守らなければならないルールがあるのかと、うんざりすることになるか、上手い文章を書きたいという欲が大きくなりすぎるか、どちらかになるからだ。

インプットはもう、十分だ。

それでもなお、文章に自信がないのであれば、テクニックを思い出し、書いて自信をつけるしかない。

久しぶりに自転車に乗るときに、自転車の乗り方について書かれた本を読む人はいないはずだ。「久しぶりだなあ」と最初はおっかなびっくり乗りはじめ、しばらくすると、久しぶりであったことを忘れてスイスイと漕ぎ進んでいるはずだ。

文章もそんなものだと思えばいい。

それに、朗報がある。小中学校で書かされる文章は、感想文であったり、遠足に出かけたときなどの紀行文、そして卒業文集にありがちな振り返り文、あるいは決意表明文などが中心だ。

残念ながら、この手の文章は才能が目立つ。

才能のある人の書いた紀行文は素晴らしく、まるで自分もそこを旅しているかのように感じられるが、才能のない人の書いた紀行文は、何がなんだかわからない。自分も行ったことのあるはずの場所について書かれているにもかかわらず、異星を冒険しているような気持ちになることがある。そういう気分にさせる才能に満ちていると言うべきか、紀行文の才能がないと言うべきか、非常に迷う。

さて社会人が書くべき文章、また、求められる文章とはどのようなものかというと、ズバリ、紹介文だ。

何かを紹介するのだから、何を書いていいかわからないということはないはずだ。

私は、小中学校で書かせる読書感想文も、「読書紹介文」として、どう思ったかよりも、どんな内容だったかの説明をさせるほうがアウトプットのトレーニングになるのではないかと思うのだが、教育がそうなっていない以上、この部分は自分で練習する必要がある。

しかし恐れることはない。紹介文は誰にでも書ける。才能がなくてもある程度のところまでいく。ただほんの少し、テクニックが必要なだけだ。

この紹介文が上手く書けるようになるだけで、世界はグンと広がる。自信をもって、SNSで自由に情報を発信すればいいし、ビジネスでプレゼンや企画書に活用すればいい。また自分の文章そのもので直接的にお金を稼ぐことだってできるかもしれない。

これからの時代、アウトプットをしながら生き残っていくためには、まず「書ける」ことが大前提になる。

HONZという奇跡

文章は上手くなる。上手い人はさらに上手くなるし、そうでない人も書く前よりは書くようになってからのほうが上手くなる。そう断言できるのは、この10年ほど、プロではない人の文章をいくつも見てきたからだ。

私はHONZというサイトを主宰している。

ノンフィクションの書評サイトだ。そこで書評を書いているレビュアーは、ほとんどが文章の素人だ。プロのライターは一人くらい。後はみんな、ほかに本業を持っている。

それでいて、紹介した本はアマゾンであっという間に売上げランキングの上位に入り、あちこちのウェブニュースに転載され、またしてもランキングを押しあげる影響力を持っているのだから不思議なものである。

その副業レビュアーは、HONZを見てもらえればわかるように、みんな文章が上手い。もともと上手かった人もいるし、書いているうちにめきめきと腕を上げてきた人もいる。

こういったレビュアーを、私は当初は募集していた。HONZで書きたい人を募り、書いたものを見せてもらい、これはという人を採用していたのだ。初期のHONZの書き手は、HONZの書き手になりたかった人ばかりだ。

ところが最近は、募集をほとんどしていない。

しかし、レビュアーは増えている。

募集の代わりに、一本釣りをはじめたからだ。

一本釣りとは、ブログなどで、HONZと相性の良さそうな本について、面白い書評を書いている人に直接コンタクトし、レビュアーとして加わってもらうということだ。

手間がかかるようでいて、これが実に効率が良い。メンバーとして参加してもらうと、文章が上手すぎて驚愕することが多い。

おそらく、普段から書いている人は安定的に上手く書けるのだろう。上手いだけでなく、安定的に書けるレビュアーが集まっていることが、HONZを支えているのだと思う。

ここまでHONZについて書いてきたのにはもちろん理由がある。

HONZのメンバーは、レビューを書いていなければ顔を合わせることもなく言葉も交わさないまま一生を終えていく、赤の他人だった。それが、レビューを書いているというただそれだけの理由で、知り合い、本について話したり飲んだりする仲間になってしまった。

もしも彼らが書評というアウトプットをしていなければ、今のHONZはない。そして、今の彼らもない。

アウトプットをすること、し続けることには、人生を変えるくらいのパワーがあるのだ。

文章というアウトプットは「アンドゥ」が利く

文章を書くというアウトプットをまずすすめる理由はもう一つある。それは、いくらでも修正ができるということだ。

ブログなども、書いてからでも修正ができる。

なので、修正を前提に公開してまったく構わない。もしも商用の文章、たとえば契約書やニュースリリースなどであったら、公開する前に入念にチェックし、ミスや変な表現がないかを徹底的に精査しなくてはならないが、個人のブログはそこまで神経質になる必要はない。

とはいえ、どんなものでもすぐにブログで公開していいかというと、そうではない。

やはり、誤字脱字は少ないほうがいいし、文章もわかりやすいほうがいい。

だから、書いたらしばらくしてから見直して、修正するといい。

文章は、書いたものをすぐに公開する必要はない。それが求められるのはネットニュースの記者くらいだ。こちらはそうではないのだから、時間をかけていいし、かけたほうがいい。プロだって、書いた文章を世に出す前にはかなりの時間をかけている。

たとえば、『週刊新潮』に寄稿するときはこうだ。決められた文字数の原稿を書く。書いて何度か読み返し、調整をしてから編集者にメールで送る。すると、編集者から「ここはこういうことですか」などと質問がくるので、それに答える形で少し修正をする。書いた本人にはわかりきっている当たり前のことが、読み手の頭の中に共有されていない場合、文章はわかりにくいものとなる。編集者という書き手とは別人の目によるチェックは、その前提の溝を埋めるのに役立つ。

修正された原稿は、校閲担当者に渡される。

校閲に関してはドラマがヒットしたことで説明不要になったが、要するに、間違いを徹底的に見つけ、事前に修正するチャンスをくれる人たちのことだ。

「3年前の秋分の日、私はゴルフに出かけた」

これだけの文章に関しても、3年前の秋分の日の天気を調べ「この日は台風が直撃していましたが、本当にゴルフに出かけていましたか」などと尋ねてくる。

そう聞かれてはじめて、実際には3年前ではなく4年前であったり、秋分の日ではなく敬老の日だったことに気がつくのだ。

そうして校閲担当者がチェックをし、これで問題なしと著者、編集者、校閲担当者が判断した原稿だけが、印刷の工程へと回っていく。

だから、わかりにくい文章や間違った文章が掲載される可能性は極限まで下がっているのだ。

しかし、たいていのブロガーには、文章を公にする前に、編集者のように別の目で読んで意見をくれる存在はいない。些細なミスも見逃すまいと神経を尖らせている校閲担当者もいない。自分が、編集者の役割も校閲担当者の役割も兼ねなくてはならない。

しかし、文章を書き終えたとき、人は多少興奮気味で、今、書き終えたばかりの文章に間違いや矛盾、わかりにくい表現があるとは気づきにくい。その状態で、編集者や校閲担当者になろうというのには無理がある。

なので、原稿を寝かせる。

書き終えたという達成感・充実感を得たら、その日はもう、その原稿を読まないのだ。もちろん、公開もしない。

そして翌日になってから、前日書いた文章を読み返す。

すると9割方、誤字脱字、変換ミス、重複表現、何が言いたいのかいまいちなセンテンスなどが、恐ろしいほどに見つかる。前日、勢いのままにこれをゴールとせずに良かったと安堵すること請け合いだ。

この日の作業は、修正すべきところを修正することだ。

その作業を終えてもまだ迷いがあるなら、もう一晩寝かせてもいいが、せいぜい、寝かせて二晩である。あまりに修正ばかりしていると、いつまでたっても公開できなくなってしまう。

公開しないアウトプットはもはやアウトプットではないので、本末転倒だ。

書いた翌日に修正をする。それを前提にしておくということは、いきなり完璧なものを目指す必要はないということだ。

読む側は最終原稿だけを読んでいるので、最初からそれが書かれていたように思いがちだが、実際には先ほども書いたように、雑誌や本が世に出るまでには時間も手間もかかっている。だから読みやすくわかりやすく、面白い文章が多いのだ。

完璧を目指す必要がないのだから、最初はかなりいい加減でもいい。自分にだけわかる、言葉遣いもハチャメチャなメモのようなものであっても構わない。

この場合は、三晩ほど寝かせたほうがいいとは思うが、書くことに少しでも恐怖心がある人は、最初から完璧を目指すのをやめるだけで、書くことへのハードルはぐぐっと下がるので、適当に書きはじめるのがいいだろう。

その際には、最初に書いたもの、翌日修正したもの、さらに翌日修正したものを、別のファイルとして保存し、後で見比べてみるといい。修正すれば良くなること、最初は支離滅裂でも最後には形になること、さらには、最初にどんなミスをしやすいかなどが、その履歴からわかるはずだ。

自分の癖を知ることは、その修正の第一歩である。

制限はあればあるほどいい

商談やプレゼン、挨拶はそこそこできるのに、参加者の多い立食パーティなどでのフリートークが苦手という人は少なくないだろう。

それもそのはず、フリートークは難しい。なぜなら、フリーだからである。広大な海のごとき話題の中から、その場にふさわしい、相手に興味を持ってもらえる、無難で盛りあがる話題を選び出し、展開しなくてはならないのだからこれを至難の業と言わずなんと言おう。

その立食パーティが、たとえば高校の同窓会となるとハードルは下がる。高校時代の思い出話をすれば、間違いがないからだ。同期会ならさらにたやすい。

クラス会は楽勝だ。

このように、何かを表現するときには、制限があったほうがいい。なので、自由に紹介文を書こうとするのではなく、なんらかの制限を設けるべきだ。

HONZの場合は本、それも自己啓発書や技術書を含まないノンフィクションで、発売から3カ月以内という制限を設けた。面白い本をすぐに買って読みたい人にはそれが便利だろう、つまり、ニーズがあるだろうと考えたのだ。

制限はテーマのほかにも用意したい。一つは文字数だ。

ブログなどに書く文章は、どれだけ長くても短くてもいい。たとえばツイッターには珍しく文字数制限があるが、それ以外の場では、長さは書き手の思うままに決められる。

しかし、この自由というのもまた不自由だ。

どうぞいくらでも走ってくださいと言われて、はいわかりましたと走り出せる人はいないはずだ。

長く走るならペース配分が大事になるし、短いならペース配分などを考える前に走り出したほうがいい。走るなら距離は、書くなら長さは、非常に重要なポイントとなる。

ただし、厳密である必要はない。およそ８００字と決めたなら、７２０字のことがあっても８８０字のことがあってもよしとする。10％くらいの増減は許容範囲とするのだ。

テーマと文字数に制限を設ける。これは何かに似ていると気がついた人がいるかもしれない。そう、小論文だ。その点で言うと、小論文という選抜方法は、なかなか理にかなっている。

かつて小論文が得意だった人は、意気揚々と書くことに再び取り組んでほしい。得意でなかった人も安心していい。なぜなら、受験が遠い過去である大人にとって、文章に時間制限はないからだ。前の項でも書いたように、いくらでも時間をかけて、書き直すことができる。怯《ひる》む必要はない。

簡単に書け

文章を難しく書く必要はまったくない。難しく書くとは、賢そうに書くということだ。または、いろいろ知っていそうに書くということでもある。

思想家や哲学者の文章には、その手の文章が多い。そして、この手の文章は読みにくくわかりにくい。

しかし、アウトプットの目的は、読みにくくわかりにくい文章を書くことではない。インプットを消化し、形を変えて放出することだ。

そしてその結果として、誰かに「あの人はこういう人なのか」と思ってもらい、フィードバックを得ることだ。

あの人は賢い人なのかと思ってもらいたいという欲もあるかもしれないが、まずまちがいなく、その試みは失敗する。

書いている人が本当に賢いのか、賢いと思ってもらいたがっているだけなのかは、読んでいる側にはすぐにわかることだからだ。

たとえば、文章中に「アウフヘーベン」が出てきたら、それは、賢いと思ってもらいたがっている人物が書いた文章だと思ったほうがいい。その文章の目的は、何かを伝え、理解してもらうことではなく、書いた人間を賢いと思ってもらうことだと即座に判断できる。

アウフヘーベンはたとえである。

ほかにも、平易な言葉に置き換えればいいのに、わざわざ目くらましのような言葉を使う文章には要注意だし、そういった文章を書くことはまったくすすめられない。使う言葉は一般的であればあるほどいい。

同じことが文章の構成にも言える。端的に言えば、一文の長さは短ければ短いほどいい。

長い文章は、つかみどころのない話に似ている。

「昔々あるところに、おじいさんとおばあさんがいて、ある日、おじいさんは山にしばかりにいって、おばあさんは川に洗濯にいったら、川の上流から大きな桃がどんぶらこどんぶらこと流れてきて、おばあさんがそれを持って帰って、おじいさんが切ってみたら、中から桃太郎が生まれた」

長い。

そして、読む側に文章を咀嚼《そしゃく》する余裕が与えられていないので、桃から桃太郎が生まれたというインパクトの前に、はて、おじいさんはどこに行っていたんだっけと記憶が飛んでしまう。

この長い一文をどう短くしていけばいいかは、もう、わかっているはずだ。目指すべき一文の長さは、昔話に出てくる程度の長さである。つまり、できるだけ短くするのだ。

その短い一文には、難しい言葉を使わない。幼稚園児でもわかるような、または、日本語を勉強しはじめた外国人にもわかるような文章、あるいは、自分で英訳するつもりの文章を心がけると自然と読みやすく、わかりやすくなる。

800字と思うな、100字×8だと思え

長さの目安はひとまず、800字がいいと私は思う。400字詰めの原稿用紙に慣れている身にとってはその倍とイメージがしやすいし、実際に書きやす

い長さでもあるからだ。

ただ、いきなり800字を書こうとしても、それは、ランニング未経験者がいきなり10キロも走ろうとするようなものだ。

まずは1キロを目指して走れよと言いたくなるだろう。文章も同じ。まずは100文字を目指せばいい。

100文字とは、かつてのツイッターの文字数制限140字より短いし、この本でいえば、だいたい、3行くらいだ。

楽勝に見えないだろうか。見えるはずだ。そして事実、楽勝のはずだ。

その100文字のブロックを8つ作れば、あっという間に800字だ。

では、どんな100文字を8つ集めるのか。そこが文章構成力ということになる。

HONZでニューフェイスに書評の書き方を教える場合には、やはりブロックを意識させるようにしている。こんな具合だ。

第1ブロック：その本の印象の紹介。100文字で、この文章を読む人に、どう思ってほしいかを伝える。面白い本なんだなと思ってほしければ、100文字を使って面白い本であることを伝える。

第2ブロック：その本の読者の想定。100文字で、この本はどんな人におすすめか、読者について言及する。そこに自分が当てはまると思った人は、その先も読み進めることになる。「社会人におすすめ」ではなく、「仕事に慣れてきて、新しいことに挑戦したいとうずうずしている社会人におすすめ」などと、できるだけ具体的に。

第3ブロック：その本の中身の紹介1。100文字で、その本の面白さはどこにあるのか、その全体感を伝える。歴史の本なのか、科学の本なのか、書いたのはどんな人なのか、このブロックを読めばざっと把握できるようにする。

第4ブロック：その本の中身の紹介2。中身の紹介を100文字でするというのはなかなか難しい。文字数が足りないのだ。そこで、もう1ブロックを概要紹介にあてる。できれば、第2ブロックとは別の側面をピックアップできると良い。

第5ブロック：その本の具体的な中身の紹介1。つまり引用だ。代表的かつ特徴的な文章を引用し、なるほどこういうことが書いてある本なのかと理解してもらう。ここは100字にこだわらず、多少、文字数が前後しても良しとする。柔軟であることが肝要だ。

第6ブロック：この本の具体的な中身の紹介2。ここも引用だ。第5ブロックで紹介した文章の次に、代表的かつ特徴的な文章を引用する。さらに理解を深めてもらう。

第7ブロック：この本の著者の具体的な紹介。第2ブロックあたりで著者については紹介済みのはずだが、文章を紹介した後なので、それを書いたのはどんな人？　という関心を持った読者へのサービス精神をここで発揮する。

第8ブロック：なぜこの本を取りあげたのかだめ押しをする。面白そうだな、読んでもいいかなと思っている読者に、読みたい、読む、と決断させるためのブロックだ。

こんな具合に構成すれば、800字などあっという間だ。紹介するのが本でなければ、引用にあてたパートは、使い勝手や試用感などに置き換わるだろうが、大枠の構成は変わらないはずだ。

そしてお気づきだろうか、ここでの第1ブロックから第8ブロックまでの解説文は、すべて合わせて約800字になっている。100字×8は、使い回しの利く構成なのだ。

この100字×8に慣れてきたら、ブロックごとの入れ替えをしてもいい。実際に私も、一晩寝かせた後に、頭から読み直し、リズムを確かめながら、ブロックの入れ替えをすることがある。第1ブロックと第8ブロックは不動だが、それ以外は案外と、入れ替え可能なのだ。

ただし、これはあくまで型通りに書いてからの作業だ。いきなり入れ替えた状態を目指して書かないこと。最初は型を守って書く。

そのほうが結果的に、早く書きあげることができる。

媒体を意識せよ

今から文章でアウトプットをしようとしている人の中に、その媒体に紙を選ぶ人はいないはずだ。また原稿用紙に手書きという人など皆無だろう。ある程度の長さの文章を書くなら、パソコンで書くことになるだろうし、その公開先はネットということになるだろう。それを読む人の多くは、スマホで読むことになるだろう。

パソコンはアウトプットのためのツール、スマホはまだ今のところ、インプットのためのツールだからだ。

読む側はスマホで読む。

こうなると、段落の最初の字下げにはほとんど意味がない。

小中学校で作文を習ってきた人は、段落の頭は1字下げると教わっている。それが、原稿用紙や印刷物の世界のルールなのだ。

しかし、スマホとなると、その1字下げはレイアウトを狂わせる可能性が高い。

また、作文では段落と段落の間を1行開けるなどという手法は教わらない。もしも読書感想文でそれをしたら、文字数稼ぎと指摘されることだろう。

しかし、文字数を自分で設定できる大人は、文字数稼ぎをする必要がない。そして、スマホで見た場合は特に、段落間に1行の空きがあったほうが、ないよりもずっと読みやすい。従って、先ほどの8ブロック構成なら、間の7箇所には1行の空きを設けたほうがいいし、設けるべきだ。

100文字の文章は、1行あたりの文字数が20文字なら5行である。5行ごとに1行空白があると、詰まりすぎた感じがしなくて気軽に読める。

ただし、芸能人のブログのように、あまりにも改行しすぎるのも考えものだ。あのような文章に付き合わされると、頭の回転が遅くなってしまうように感じられる。

ともかく、スマホで読まれる文章の見た目、文字の詰まり具合は、印刷物のそれよりも緩いほうが望ましい。

文字の詰まり具合といえば、漢字とかなのバランスにも気を遣いたい。

「昔々有る処に老爺と老婆がいました。有る日老爺は山へ芝刈りに老婆は川へ洗濯に出かけました」
「むかしむかし、あるところにおじいさんとおばあさんがいました。ある日、おじいさんは山へ芝刈りに、おばあさんは川へ洗濯にでかけました」

この二つの文章は、伝えようとしていることとまったく同じだが、与える印象が異なる。

後者のほうが長いにもかかわらず、すっきりとして読みやすい。漢字もできるだけひらがなに。それだけで印象は大きく変わる。

私は、ネットに書く文章では、漢字の割合は多くても3割になるように意識している。そこまで減らすコツは、まず、熟語を使わない。老爺、老婆はおじいさん、おばあさんでよい。

また、出かけましたのような述語に当たる部分は、ひらがなにしても違和感が少ないので積極的にひらがなにする。漢字をかなにすることを業界用語で「ひらく」というが、どんどんとひらいていく。

たったこれだけのテクニックでも、文章へのとりつきやすさはがらりと変わる。アウトプットを届ける先が、広がるのだ。

都々逸調にリズムを整えよ

一晩寝かせた文章からはミスや余分を取り除き、不足しているパーツを添える。

しかし、それだけでは一晩寝かせた目的は半分しか達成できていない。一晩寝かせたもう一つの大事な理由、それは、読んだときに心地よくなるように、つい「よっ」とか「はっ」とか「それからどうした」と合いの手を入れたくなるくらいまで、リズムを整えることだ。

リズムだから、書く内容とは関係がない。どんな内容であっても、同じようにリズム感があったほうがいい。

そのリズムのお手本としておすすめなのが都々逸《どどいつ》調だ。

都々逸とは「三千世界の鴉《からす》を殺し　ぬしと添い寝が　してみたい」のような七七七五調の定型詩だ。

都々逸というと古くさいと感じるかもしれないが、「花に嵐のたとえもあるさ　さよならだけが人生だ」、このリズムを心地よいと思わない人はいないのではないか。これも都々逸調である。

リズムをほどよく刻んだほうが文は上手いと思われる。

あるいは、「どんぐりころころ　どんぶりこ」のように七五七五のリズムが続く七五調もよい。

「小諸なる　古城のほとり」「ありがとう　いいくすりです」の五七調にも力強いリズムがある。「男は黙ってサッポロビール」は七七、「蛍の光　窓の雪」「あたり前田のクラッカー」は七五だ。

五七五七七となると、やや、やりすぎだが、それでも、たまに採用すると面白いだろう。一時期、ウィキペディアの文章から偶然に五七五七七になっているセンテンスを抜き出す遊びが話題になったが、それもリズム感の良さのせいだろう。

アメリカの大統領が「メイク・アメリカ・グレイト・アゲイン」と言ったとき、その内容はさておき、多くの日本人がなんだか楽しくなってしまったのは、それが「それにつけても金のほしさよ」と並ぶほど、下の句として万能だと感じ取っていたからだろう。

「すずめの子　そこのけそこのけ　お馬が通る　メイク・アメリカ・グレイト・アゲイン」

完璧ではないか。

文章をどんなテーマで書いたとて、タイトルだけは三十一文字に、などという制限を設けるのも悪くない。

接続詞は書き手も読み手も助ける

文章全体のリズムを整えるのには、接続詞が重要な役割をはたす。

私の好きな文章のパターンは、結論から入り、それに「なぜならば」と続くタイプの文章だ。

結論が最初にあると、「なるほどそうか」と読む側は安心してその先を読み進めることができる。後ろに「なぜならば」とあればなおさらだ。その先には必ず理由が書いてあると想像できる。

読みやすい文章とは、こうして読者を迷わせない文章でもある。結論から入らなくても、「だから」とあれば、それまで書いてきたことのまとめがあるなと想像できるし、「しかし」とあればそこからは逆のことが書いてあるのだなと想像できる。

読みやすい文章とは、サプライズのない文章であり、その先に曲がり角がある場合にはそれを予め教えてくれる文章のことである。サプライズだらけの文章を悪文という。

だから、接続詞は積極的に使ったほうがいい。読む側を迷わせずに済むからだ。接続詞を多用することは、読み手のリズムを整える手助けになる。

接続詞が読み手を助けているかどうかは、文章を頭から読み返せばわかる。書いた人間に少しでもつっかかるところがあるなら、読む人間は必ずつっかかると思ったほうがいい。そこに足りていないのが接続詞なら、迷わず接続詞をプラスする。文章読本のたぐいには、いい文章には接続詞が少ないと書いてあるものもあるが、それを信じてはならない。

ただ、接続詞の使い方には癖が出る。「しかし」を多用する癖、「だが」を多用する癖などが誰にでもあるのだ。800字の文章なら、「しかし」も「だが」も登場は一度くらいが望ましい。なので、繰り返しを防ぐため「しかし」「が」「だが」「ところが」の逆接の接続詞4点セット、「だから」「なので」「したがって」「ゆえに」の順接の接続詞4点セットを心に備えておくといいだろう。

画面は大きければ大きいほうがいい

ここでアウトプットに使うツールについて言及しておく。

スマホよりもパソコンだということはすでに書いた。それはある程度長い文章に関しては、まだまだキーボード入力に勝るインプット方法がないからでもあり、また、スマホの画面が小さすぎるからでもある。

文章、とりわけ紹介文、企画書などを書くときに、ワードならワードだけを使って書く人はいないはずだ。その紹介する対象をネットで調べ、ときにはＰＤＦ化されている資料を参照し、勘違いしていることがあったら正しながら、間違いのないように書くだろう。それが普通と言っていい。

すると、パソコンの画面には、ワード、ブラウザ、ＰＤＦそれぞれのウインドウが開かれることになる。

切り替えればいいのだが、ウインドウを切り替えてデータをチェックしながら文章を書くというのはなかなか骨が折れる。操作が面倒というよりも、文字入力以外のためにキーボードやマウス操作をしたくないというのが正直なところだ。

なので、必要な資料はすべて画面に表示させたまま、ワードでさくさく書き進めるのが理想だ。すると、自然と、画面は大きければ大きいほうがいいということになる。ただ大きいだけでなく、横長のものがいい。すると、縦長のウインドウを二つ並べて表示できるからだ。

具体的におすすめのモニタがある。LG製のウルトラワイド、湾曲タイプだ。銀行員が使いはじめたところ、仕事の効率がかなり上がったそうである。

そうでなければ、モニタを二つ用意して二画面にする、パソコンそのものを二台用意して、検索用と執筆用をわけるのがいいだろう。

文章を売ろうとするな、文章で売れ

ここまで書いてきたことと、一見矛盾するようでいて、実は矛盾していないことをこれから書く。

上手い文章を書こうとしてはいけない。

目指すのは、わかりやすく、誤読されない文章だ。

誤読されない平易な文章と、誤読を誘発するような難解な文章だったら、絶対に前者を目指すべきだ。

なぜなら、アウトプットの目的は、より多くの人に読んでもらい、より多くのフィードバックを得ることだからだ。

フィードバックには、直接的な感想のほか、新しい人脈、魅力的な副業、夢中になれる趣味などが挙げられる。

そのためには、難解な独りよがりの文章は御法度だ。もしもそういうものが書きたいのなら、オープンではない場で、思う存分やればいい。ただしそれを私はアウトプットとは呼ばない。

私がＨＯＮＺのレビュアーに求めるのは、そのレビューを読んだ人が、紹介されていた本を読みたくなり、実際に読む、そこまで持っていけるレビューだ。単に「この書評は上手いなあ」と思われるだけのレビューは求めない。感心させる文章よりも、本を読みたくなる文章が、ＨＯＮＺには求められているのだ。

なので、レビュアーは名文家である必要はなく、どちらかというと、名売り子、名マーケターであってほしい。

それはレビュアーのためにもなると私は思っている。

ＨＯＮＺはアマゾンのアフィリエイトを利用している。

ＨＯＮＺでレビューした本が売れると、それに付随するアフィリエイト収入は、レビュアーにも還元されるのだ。レビュアーはまさに、歩合制の売り子である。

レビュアーを、書評家として育てあげ、書評家として独り立ちさせるのはかなり難しいだろう。そのレビュアーを原稿料だけで食わせるのは困難という意味だ。

一方で、レビューを通じて副収入を得てもらうことはそれほど難しくない。はっきり言えば、簡単だ。

だから、この本を読んでいる人の中に、文章を書くというアウトプットで収入を得たいと考えている人がいるなら、文章を売ろうとは思わないことだ。それよりも、文章で何かを売り、そこからアフィリエイト収入を得たほうがいい。

この原稿執筆時点で、アマゾンは本の紹介料を３％としている。紹介によって１０００円の本が一冊売れたら、紹介者には30円が入る仕組みだ。少ないと思うだろうか。

一方で、では本を書いたらどうだろうか。出版社によって差があるが、多くの大手出版社は、著者印税の比率を10％に設定している。1000円の本が1冊売れたら、100円が著者の取り分となるのだ。

本を一冊書く手間と、レビューを一本書く手間とは、雲泥の差だ。もちろん、レビューのほうがすぐに書ける。それで100円と30円なら、30円でも決して悪くない。だから、文章を売るのではなく、文章で売ることをすすめるのだ。なお、電子書籍（キンドル）の場合は3％が8％にアップする。

HONZにレビュアーとしてスカウトされたいなら

HONZがレビュアーを一本釣りしていることはすでに書いた。

これは本当のことだ。どうやって探しているのかというと、HONZと相性のいい新刊ノンフィクションのタイトルで検索し、その書評を書いている人がいないかどうか探すのだ。

見つかったら、書評を読んでみる。これはいいな、この書評でなら本が売れるなと思ったら、コンタクトをとる。こういう流れだ。

なので、HONZにレビュアーとしてスカウトされたいなら、まず、HONZらしい新刊を読み、そのレビューをブログなりフェイスブックなり、ツイッターなりで、書き続けてほしい。その際は、友達以外からもDMを受け取れる設定にしておいていただきたい。

アマゾンのレビューもチェックしているが、あそこからは書き手にコンタクトできないのがもどかしい。

そこで、アマゾンでレビューを書くなら、ユーザー名などを独自のものに設定し、そのユーザー名でSNSにアカウントを持つなどして、こちらから見つけやすくしてほしい。

HONZがこうして新たなレビュアーを探すくらいなのだから、ほかのサイトも同じようなことを考えているだろう。HONZはたまたま、ノンフィクションのレビューサイトだが、フィクション、それから本以外でも、レビューサイトはたくさんある。そのうちのどこかに書き手として見つけてもらうつもりで、アウトプットを続けてみてはどうか。

仮に見つけてもらえなかったとしても、アウトプット力は、必ずアップする。

それは私が保証する。

第3章

やるほど上手くなる！　話すアウトプット術

説得、プレゼン、雑談のコツ

話すことは書くことより難しい

書くことと並んで、話すことは重要なアウトプットだ。

日頃、何も書いていないという人でも、何も話さないという人はいないだろう。もしもいたなら、カフェなりバーなり、話し相手のいそうな場所へ出かけていったほうがいい。

文章もそうだが、話も、しないでいると、みるみるうちにそのスキルが低下していってしまう。

それでも、話していれば、徐々に本来のレベルに戻すことができる。

なので、話し上手になりたければ、まず、話をする機会を増やすことだ。これが大前提となる。

ただ、話をすることは文章を書くよりも難しい。

文章のほうが難しいという人もいるが、それはたいてい、書くことを必要以上に高尚なことだと思い込んでいるか、話すことを誰にでもできる簡単なことだと思い込んでいるか、どちらかの結果である。

文章は、時間をかけて書くことができる。一晩寝かせて読み返し、修正もできる。話す場合はそうはいかない。

話すことは誰にでもできる。

しかし、わかりやすく、面白く話せる人は驚くほど少ない。

それでも、だからこそ、ただ話すだけなのと、準備をして話すのとでは伝わりやすさ、面白さがまったく異なるのだ。

これはつまり、準備した者勝ちということだ。

話し下手な人は、単に、準備の必要性を知らないだけの可能性もある、というより、その可能性が高い。

「話せばわかる」はある意味正しい

よく「話せばわかる」と言われる。顔を合わせて話せばお互いのことが理解できる、合意が形成できる、誤解が解けるなどというときに使われがちな言葉だが、実際には、「話せば丸め込める」の意味で使われることが多い。

誰かに「だから会いましょう」などと言われたら、警戒しなくてはならない。いきなり話がそれたが、「話せばわかる」は、ある意味では正しい。

たとえば、である。

目の前を歩いている人が提《さ》げている買い物袋から、長ネギの緑の部分が見えている。そのネギを目がけて、上空からとんびがさっと舞い降りてきたかと思うと、そのネギをくわえて飛び去っていってしまった。驚いてふらつき、ふと足元を見てみると、カルガモの親子が頭に油揚げを載せて道を横断しようとしていた。

こういった状況に出会ったなら、誰もが誰かにその目撃談を話したくなるだろう。

しかし、目の前で起きたことを客観的に把握していないと、順序立てて話すのは難しい。話せば話すほど、自分が何かを見ていたようで見ていなかったことがわかるはずだ。

話をしているうちに欲が出て、笑いをとりながら「鴨が葱を背負ってくる」

「とんびに油揚げをさらわれる」などの慣用句と絡めよう、寺田寅彦《てらだとらひこ》のエッセイ「とんびと油揚」にまでつなげようとすると、とたんに難易度が上がる。

つまり、「話せばわかる」とは「話せば（起きた出来事を自分が客観的に把握していないことが）わかる」ということだ。

ここでは極端な例を挙げたが、読んだ本、見た映画などの内容を上手く人に伝えられないときは、たいてい、その内容を十分に理解していないときだ。なので、自分がしっかり理解しているかどうかを判断したければ、他人に話すのがいちばんだ。

説明上手で知られるジャーナリストは、同じテーマについて周囲に繰り返し話をし、自分の話がどこで滞るか、聞き手はどこでつまずくかをチェックすると言っていた。

いきなりわかりやすい話し方をしようとしても、どだい無理。準備が必要なのだ。

ない。

毛糸玉から毛糸を引きぬく

相手にわかるように話すには準備が必要。

では、その準備はどのようなものかというと、実はそれほど大層なものではない。

話しているうちに、何を話していたのか、何を言いたかったのかがわからなくなることがある。しかしそれは実際には、何を話すのか、何を言いたいのかを決めずに話しはじめた結果、当然のこととしてたどり着くゴールだ。

まとまらない話は、話しはじめる前からまとまらないことが約束されているのだ。

文章と比較すればこれは簡単に理解できる。文章を書くとき、何を書くかを決めないままキーボードに手を伸ばす人はいないはずだ。いたとしたら、それは締め切りに追われてとりあえずなんでもいいから書かなくてはならない状況に追い込まれた作家やライターに違いない。

そういった特殊な例を除けば、書きはじめるときに、何を書くかはたいてい、決まっている。

しかし、話すときにはそれを決めずに口を動かす人が少なくない。これがまとまらない話の最大の要因だ。

なので、話すときにも、書くときのように「何を話すか」を最初に決めるべきだ。

厳密に決める必要はない。だいたいこんなところかなといった程度でよろしい。その「だいたいこんなところ」は、見えないアドバルーンとして、頭上に浮かべる。そしてそのアドバルーンを毛糸玉に強引に置き換える。そしてその毛糸玉から毛糸をするする引き出すように、言葉を引き出す。

途中で言葉に詰まったら、はて、なんの話をしていたかと、その毛糸玉、さらにはアドバルーンを思い出す。すると、次の言葉が出てくるはずだ。文法通りである必要などない。

これは文章ではなく、話なのだから、文法的に満点の文を構成することより、話したかった毛糸玉から、毛糸を引き出すことだけに集中すればよい。

話しはじめるときに毛糸玉を意識していれば、仮に途中で毛糸の先を見失っても、また毛糸玉に戻ればいいだけだ。戻れる場所を用意しておくのが、話の準備の9割を占める。

中小企業などでは、朝礼などの際に社員に5分間（3分間のことも）スピーチを交代で義務づけていることがあると聞く。やらされるほうはたまったものではないかもしれないが、その制度があるのなら、それは有効に使ったほうがいい。なぜなら、話はすればするほど上手くなるからだ。その際には毛糸玉を持って臨んでほしい。

妄想で語れ

話をする上で頼りになるのは毛糸玉。ここぞというときには毛糸玉をイメージしてから話し出す。

しかし、それだけでは毛糸玉ありきの話しかできなくなる。毛糸玉トークで成果が出て自信がついたら、次のステップに進みたい。毛糸玉をあえてイメージしないトークをするのだ。あるいは、毛糸玉をイメージできないトークと言ってもいいかもしれない。

それは妄想を語ることだ。といっても、石油王になったつもりで話をするのとは少し違う。

ＨＯＮＺではときどき、メンバーが集まって「これから読む本」について話をすることがある。その本のことはこれから読むので、まだ読んでいない。読んでいないので、内容のことはよくわからない。

わからないなりに、タイトル、著者、装丁、出版社などから、どのような内容なのかを推理しながら話すのだ。

これはなかなか難しい。しかし、やってみる価値はある。なぜならそこに、聞いている人がいるからだ。

僅かばかりの事実と妄想で語る話し手に対し、聞き手は、また別の僅かな事実や妄想をぶつけてくる。すると話し手もそれに反応し、別の妄想の扉が開く。

これは、一人で悶々と妄想を繰り広げていてもできないことだ。他人の前で妄想として話すから、盛りあがることができる。

このときの話の目的は、伝えること、理解してもらうことではない。妄想(と少しの事実)で盛りあがることそのものが目的なので、毛糸玉はなくていいし、ないほうがどんどんと広がっていく。

そして、こうして毛糸玉なしの話に慣れていると、不意を突かれた質問にも、いつの間にか上手く答えられるようになっているから不思議である。

一方的に話すのは割と得意だが、質問への返しに苦手意識がある人には、この妄想ラリーを強くおすすめする。

プレゼンは弁当だ

ここで残念なお知らせがある。

どれだけ時間をかけて書いた文章でも、そして、どれだけ準備をして臨んだ話でも、相手に伝わることはごく僅かだ。メールなら伝わり、一対一の話なら伝わることでも、プレゼンや講演、あるいは書籍の出版のように相手が不特定多数となると、受け取られ方もまさに千差万別で、伝わらないことがある。あるというより多い。

何冊も本を書き、幾度となく講演をしてきた私が言うのだから間違いはない。伝わることがあったとして、それは伝えようとしたことのうちのごく僅かでしかない。

さらに残念なお知らせがある。

伝わったごく僅かなことは、伝えたかったことランキングでいえば、ランク外のことであることが多い。アマゾンのレビューを見ればそれは一目瞭然だ。読んだことのある本に関するレビューを、試しにいくつか読んでみてほしい。「え、そこなの？」という箇所に反応している人が、必ずいる。それも何人もいる。

私自身も経験している。どれだけ講演でマーケティングについて力説しても、相手に最も印象を残したのは私のメガネだったなどということはざらである。メガネだけでも印象に残ったのなら、残した私の勝ちということにする。

こちらとしては、丁寧にタマネギを刻み、ひき肉と混ぜ合わせ、ジューシーに焼きあげ、デミグラスソースで仕上げたハンバーグをメインにしたハンバーグ弁当を用意したのにもかかわらず、食べた人は案外、付け合わせのニンジンのグラッセ、ポテトフライ、ほうれん草のソテー、ピクルスなどが印象に残るものなのだ。

もしも、これはハンバーグ弁当なのだからと、おかずをハンバーグしか用意しなかったら、ニンジンのグラッセ、ポテトフライ、ほうれん草のソテー、ピクルスを印象に残していた人たちの「印象に残るもの」は、ゼロになってしまう。それは「あの人の本には内容がなかった」「話はスカスカだった」という感想に結びついてしまう。

これほど残念なことはない。

だから、面倒でもサイドディッシュを用意する。

すると、ハンバーグには無反応だった人も、どれか一つくらいには反応し、それを印象のお土産として持ち帰ってくれる。これは用意したにもかかわらず

「中身がなかった」と言われてしまわないための保険である。

プレゼンの目的は、何かを伝えることだろう。しかし、最も伝えたいことが伝わるとは限らない。だから、そこを目標とはせず、何か一つでも伝えることを狙って、いくつものネタをちりばめなくてはならない。

ジャパネットたかたはどこがすごいか

長崎県佐世保市日宇町《ひうちょう》。ここに本社を置くあの企業の名を知らない者はいないはずだ。ジャパネットたかた。ジャパネットホールディングスの中核企業である。

ジャパネットたかたのテレビCMを一度も見たことがない人もまた、いないはずだ。現在は代替わりが済んでいるが、かつては創業社長の高田明《たかたあきら》氏自らがハイトーンボイスを武器にありとあらゆる商品を実に魅力的にプレゼンし、売りまくっていた。

高田明氏は、何がすごかったのか。

それは数え切れないほどあるのだが、一つに絞るなら、ＢｔｏＣのプレゼンのスタイルを作りあげたことだ。

少し後でも詳しく触れるが、プレゼンは原則として、ＢｔｏＢの場に存在する。こちらもビジネス、相手もビジネス。そこで売り込みたいもの、提案したいものがあるときにプレゼンがなされるのだ。

しかし、高田明氏は、ＢｔｏＣにプレゼンを持ち込んで、それを成功させた。

高田氏の成功の要因は、そのプレゼンが「こんな素晴らしいものがあるので買ってください」では終わらなかったところにある。

私は長年、パソコン業界にいた。だからパソコンやデジカメの売り文句は嫌というほど聞いてきた。速い、軽い、美しい、ネットができます、動画も撮れます、といった具合で、みんながみんな同じように聞こえ、どれを買ったらいいのかが、調べる前よりもわかりにくくなる世界であった。

ところがその魑魅魍魎《ちみもうりょう》を、高田氏は「デジカメがあれば、はじめて行った土地の電車やバスの時刻表を撮れるので、帰りが安心」とプレゼンするのだ。

今なら、ネットで調べればいいだけの話だが、デジカメの出はじめの頃に、画質でもバッテリーの持ちでも顔色の良さでもなく、時刻表がメモできることを、90秒ほどの限られた時間内で伝えようとしたのは高田氏くらいだろう。

つい、私もそんなに便利なのならばそのデジカメとやらがほしいと、何台も持っているにもかかわらず、思ってしまったほどだ。

高田氏はボイスレコーダーも売っていた。

世の中に、ボイスレコーダーが必要な人はそう多くないと思う。ほとんどの人の人生は、ボイスレコーダーとは無縁のままに費えていくはずだ。

ところが高田氏はそこに関連性を見出す。ボイスレコーダーがあれば、病院で医者に難しいことを言われても、それを録音できるので、後で何度でも聞き返せるとプレゼンするのだ。

そんなに便利なものならばと、またしても買いたくなってしまった。

私も、ハンバーグより付け合わせに反応するタイプの人間なのかもしれない。

ただ、高田氏は、さまざまなおかずを用意し、付け合わせについても情熱的に語ってきた。それが成功の要因だ。

間違ったら訂正し修正して、相手の頭の中を操作する

「視聴率調査週間」「摘出手術中」「骨粗鬆症《こつそしょうしょう》」など、噛みやすい言葉というものがこの世には存在する。噛みたくなければこれらの言葉を避けるに限るが、テレビ局や広告代理店で働いていれば視聴率調査週間という言葉を回避するのは困難だろうし、医療関係者も摘出手術中、骨粗鬆症と発言しなくてはならない場面に出くわすことがあるだろう。

ここまでではなくても、噛みやすい言葉はある。

そして、さほど噛みやすくない言葉なのにもかかわらず、噛んでしまうことはある。要はどんな言葉でも噛むことはあるということだ。

これはやっかいだ。恥ずかしいというのもあるが、噛むということは、「言いよどんだ」ということで、聞き手に、もしかしたら嘘をついているのではと思わせてしまうこともあるからだ。

噛んでしまったらどうするか。

選ぶべき選択肢は一つしかない。その場でしっかり言い直すのだ。

焦ると同じようにまた噛んでしまう恐れがあるので、ゆっくりと、漢字を一つひとつ思い浮かべながら、たどたどしくても構わないので、正しく発音する。

もちろん、「てきすつすつつつう」などと発音してしまっても、聞いている側は、前後の文脈からそれが「摘出手術中」であることは理解するだろう。

しかし、「てきすつすつつつう」を放置しておくと「あの人は噛んだ」という印象を強く残してしまう。

すると、ほかのことが印象に残らなくなる。

これは話し手にとって損である。なので、訂正をして「噛んだ」という記憶を「正しく発音し直した」で上書きをさせるべきだ。

さらに効果的なのは、そこで新たな印象を創り出し、植えつけることだ。

「摘出といえば先日〜」「手術といえば〜」と小ネタを披露し、「摘出手術中と言えなかった」ことを「誰かが摘出手術を受けた」「手術中あるある」などのインパクトで覆い隠してしまうのだ。すると、もう、噛んだことなど誰も覚えていないというと言いすぎだが、印象はかなり薄れているはずだ。

このテクニックは、話が落ちなかったときにも使える。

話し手が「これがオチです」と表明しても、聞き手がそれをオチと認識しないことは、まま、ある。悲しいすれ違いだ。

しかし、ここでその事態を放置しておくとどうなるか。そう、「この人はオチのない話をした人」になってしまう。

ではどうすればいいのかというと、別のオチを持ってくるに限る。

つまり、こちらから話を変えるということだ。

とってつけたようで構わない。なぜならそれは「急になんですか」という反応を引き出せるからだ。これで、オチのない話をした人という印象は、話を急に変えた人という印象に上書きされる。

少し踏み込んだことを言うと、話をすることに限らず、アウトプットするということは、それを受け取る相手の頭の中を操作することだ。

たとえば「私のことをいい人だと思ってください」「いい人だという印象を抱いてください」と言葉で伝えて、その通りに思われたり印象を抱かれたりする人は、まずいない。変な人だなと思われて終わりだ。

いい人と思われたいなら、相手が「この人はいい人だ」と判断しやすいよう、情報を提供する必要がある。

実は、ジャパネットの高田氏がやってきたのはこれだ。「これはいい商品です」と言うのではなく、いい商品という結論を導く材料を提供してきた。価格についても「安い」と教えるのではなく、「なるほどこれは安い」と思わせるように仕掛けてきた。

これが、頭の中を操作するということだ。

抱かれたくない印象を抱かれてしまったら、別の印象を抱きやすくなる手伝いをする。それが、ミスの印象を薄めるための最良のテクニックだ。

ビジネスプレゼンは型通りやる

プレゼンと一言で言っても種類がある。

まず、主にBtoBで展開されるいわゆるビジネスプレゼンだ。プレゼンのテーマは商品やサービス。目的はそれを買ってもらったり採用してもらったりすることだ。

なので、ビジネスプレゼンに個性は必要ない。プレゼンターが誰であっても、その会社らしく、その事業部らしいことが最優先で、プレゼンターは黒子に徹するべきだ。だから、ビジネスプレゼンに工夫の余地はない。

その会社で脈々と受け継がれてきたものに、粛々と従い、着々と準備をし、堂々とその場に臨む以外に、することはないと言える。

……いや、ある。

まずは練習だ。話は準備が9割だが、プレゼンはそれ以上に事前の準備が重要だ。その準備には練習が含まれる。

多くの人は、自分が思っているより練習が足りていないのだ。プレゼンが上手くいかない、成果が出ない、と嘆くなら、それは単に練習が足りていないだけ。目新しいテクニックなどいらない。初心に返り、基本に忠実にだ。

どんなものでも、練習をしないよりもしたほうが上手くなる。どれだけ慣れていても、やはり練習をしたほうが上達するし、自信にもなる。

ビル・ゲイツはあちこちで何度も何度もスピーチをしてきたが、それでも、リハーサルはしっかりとやっていた。その重要性を理解していたからだ。

その会社、事業部らしいプレゼンができるまで、練習は繰り返すべきだ。

スライドは1枚1分

今、手元にスマホかパソコンがあるなら、「省庁　パワポ」をキーワードに画像検索をしてほしい。そこには、ぎっしり文字だらけのプレゼン資料が見つかるはずだ。

おそらく、説明用の資料だろう。しかし、問題はそれが投影されることもあることだ。文字が小さすぎて情報量が多すぎて、見たとたんに理解することを放棄したくなる。

この悲劇は、言うまでもなく、説明用資料をそのまま投影することで起きている。個別の説明では、その資料を使って10分や15分説明するのだろう。しかし、プレゼンや講演でそれをやるのは大きな間違いだ。

プレゼンでの投影用の資料は、持ち時間（分数）の数だけ用意すべきだ。持ち時間が15分なら、パワーポイントは15枚用意するという意味だ。決して、1枚に詰め込もうなどと考えてはならない。

では、どの程度まで詰め込むか。

それは、話したいことから逆算する。

NHKのアナウンサーの読む速度は、1分間に300文字と言われている。プレゼンでもこれにならい、1分間で300文字のペースを目指したい。

すると、1枚の画面には、300文字で説明する内容を収めればいい。グラフについての説明に300文字必要なら、1枚。150文字なら、1枚に二つのグラフを入れる。600文字ほど語りたいなら、同じグラフを2枚用意する。

1枚目と2枚目とでは、そこに添えるキーワードを変えるなどして変化をつける。

1分300文字というのは、実際に話してみるとかなりゆっくりで、時間が余ることもある。

だからといって、350文字、400文字と増やしていくと、早口になってしまって、これは聞き流しを誘発する。

話すペースはゆっくりでいい。もしも1分かからないうちに300文字分を話してしまったら、残り何秒かは黙っていてもいい。その間は、聞き手にはサボッているようにも言葉を失っているようにも感じられない。余裕として伝わるだけだ。

先ほど、朝の5分間スピーチについて触れた。この場合、パワーポイントは使えないことが多いだろう。しかし、頭の中に5枚のスライドを用意し、それについて1分間ずつ説明をするように話をすれば、あっという間にスピーチは終わる。しかも、聞く側には上手く聞こえる。

つかみは写真

ビジネスプレゼンではないプレゼンは、パーソナルなプレゼン、自己紹介のロングバージョンのようなプレゼンだ。

このプレゼンの目的は、自分を知ってもらうこと、そして、プレゼンを聞いてくれた人と仲良くなることである。決して、すごい、偉いなどと思ってもらうことではない。

では、自己紹介のロングバージョンはどのように進めるべきか。

ここで助けになるのが写真である。

ビジネスプレゼンの場合、パワーポイントで作る資料に並ぶのは、箇条書き、数字、グラフと相場が決まっている。実はこれが、たいていのビジネスプレゼンが面白くない理由だ。

そこに文字が投影されたら、もう、聞き手は聞く前に一瞬で読み「ああ、こういうことね」と話を理解した気になってしまう。だから聞くことに身が入らない。数字、グラフも、わざわざ話し手に説明してもらわなくても、その意味することはわかる。だからますます、聞くことに身が入らなくなるのだ。

自己紹介系のプレゼンで、このような苦行に挑む必要はない。もっと楽をしていい。

プレゼンを楽にするのは写真である。自己紹介系のプレゼンでは、スライドはすべて写真にするべきだ。

人は写真を見せられると、いろいろな反応をする。見ただけで笑える写真を見れば笑うし、どう反応していいかわからない写真を見れば、これを見せた側の意図はなんだろうと考える。そうやって考えてもらった上で、話し手は言葉でその回答を提示する。聞き手は、見るのにも聞くのにも一生懸命になる。

写真はできるだけ、ハンバーグ弁当的な写真がいい。

被写体に、いろいろなものが写り込んでいる写真がいい。そこで、ハンバーグには目もくれず、ニンジンを見つけたり、ほうれん草に注目したりする人が必ずいる。ニンジン好きや、ほうれん草農家だ。その人たちは、そこに話し手との共通点を見出し、好感を抱く。

これでプレゼンの目的はほぼ、達成したも同然だ。

イラストでは駄目な理由はこれだ。写真のような、偶然の写り込み、偶然の好感を期待できないからだ。

写真さえあれば、後はその写真の解説をしていけば自己紹介系のプレゼンができあがる。

資料は配付しない

ビジネスでも個人的なものでも、プレゼンではできるだけ、資料は配付しないほうがいい。

理由は二つある。

まず、人は資料を配られると、先に最後まで目を通したくなってしまうからだ。すると、話がはじまる頃には資料をすべて読み終わっている人も出てくる。その人たちにとって、資料に書かれている内容を読みあげるだけのプレゼンは退屈でたまらないものになってしまう。

なので、配付はしないほうがいい。する場合も、それだけを見てもなんのことなのかわからないものにするべきだ。配付しなくてはならない場合には、投影用と配付用は、作りわけるのが原則だ。

資料を配付しないほうがいい理由のもう一つは、資料が一人歩きする可能性があることだ。

一人歩きした資料は誤解の元だ。

プレゼンや講演には、その場にいる人だけが共有できる空気感がある。その場で聞くから笑える話というものが必ずあるのだ。同じ場所にいる人だけに通用する、内輪話のようなものだ。

それは、そこにいない人には伝わらないことが多い。

政治家はよく失言をするが、その場は後援会の会合であることが多い。すべての失言がそういうものではないのだが、その場では通じるジョークのつもりが、その場にはいない人にとって、失言であることも少なくない。受け取る側の温度差が、失言を引き出している可能性は否定できないだろう。

温度差は必ずある。

だから、その温度差が原因の炎上を避けたいなら、温度の低いところには、話した内容が伝わっていかないように自衛しなくてはならない。その自衛の一つが、資料を配付しないということだ。

座らずに立つ、立ったら歩く

そこで立って歩くことができるなら、プレゼンは座ったままでやってはならない。これは基本中の基本である。

なぜ、座ったままでは駄目かというと、まず、生命力不足に見えてしまうからだ。枯れて憔悴《しょうすい》しているプレゼンターより、元気で溌剌《はつらつ》としたプレゼンターのほうが魅力的で話を聞いてみたいと思わせる。だから、話し手は元気であることのアピールの一環として、立って話をすべきなのだ。立つことができるなら「座ったままで失礼します」は禁句である。ビジネスプレゼンなどでの自己紹介でも同じだ。

プレゼンでは、立ったとしても、それだけでは不十分だ。演台が用意され、そこに固定マイクが置かれていることもあるのでやっかいなのだが、できるだけ、このフォーマットには染まらないほうがいい。演台でのプレゼンにはどうしても、官房長官の会見のような、単調、退屈、つまらない、眠いといった印象がつきまとうからだ。

なので、ほどよく動いたほうがいい。

机の前で頭を抱えていても思いつかなかったアイデアが、気分転換のため散歩に出かけたとたんに浮かんだといった話を聞いたことがあるだろう。体を動かすことで、アウトプットを促進する脳のスイッチが入るのだろう。であれば、これをアウトプットの場に活用しない理由はない。

選べるならばハンドマイクを選ぶ。もっといいのはヘッドセットだ。これで両手が使えるようになるので、より豊かに身振り手振りを交えることができる。

ただ、いかにもジョブズを真似ました、サンデル先生を真似ましたといった、ステージをせわしなく歩き回り、オーバーアクションを繰り出すようなプレゼンは、日本人がやるといささかやりすぎだ。

なので、ほどよく動く。もちろん、このほどよくというのが難しい。

その壁を越えるには、お手本にしたいようなプレゼンをする人を探し、見つけ、真似るのがいい。

今はユーチューブという便利なものがあるし、国内でもビジネスコンテストがあちこちで開催されているので、日本人の上手いプレゼンターも探せば見つかる。

政治家は手本にならない。政治家にもプレゼンが上手い人はいるが、それを真似てもプレゼンの上手い政治家風になってしまい、それはビジネスパーソンとして得なことではない。はたして、プレゼンが政治家みたいだと言われて、嬉しいと思う人がいるだろうか。

真似るべき手本があるのとないのとでは、上達の速度が異なる。このあたりは次の章でも詳しく触れる。

100人全員に好かれようとするな

プレゼン、さらには講演となると、聞き手の数は何百人となることもある。そういったとき、決してやってはならないのは、一人で話し続けることだ。実際には一人で話し続けるのだが、一人で虚空に向かって話しているような気持ちになってはならないのだ。

聞き手は、みながみな、同じ反応をするわけではない。面白がって聞いてくれる人、それなりに熱心に聞いている人、聞いているようで聞いていない人、聞き流している人、聞く気がない人など、まちまちだ。

こういうときには、早い段階で、熱心に聞いてくれている人を、聞き手の中に探し出す。サインは、ジョークに笑う、拍手のタイミングが早い、目が輝いているなどだ。

そういう、自分の超絶ファン、トップオタになってくれそうな人を見つけたら、ラッキーだ。後はひたすら、その人に向けてプレゼンをする。いちばんいい反応をしてくれる人に集中するのだから、プレゼンをする側も当然のことながら、気分が乗る。その結果、そこそこいいプレゼンができる。超絶ファンが見つからなくても、その場で、相対的に話を聞いてくれている人だけにロックオンするべきだ。

逆に、そこに100人の聞き手がいるなら、100人全員から好かれようとして、聞こうとしていない人をなんとか聞かせようとするのはやめたほうがいい。間違いなく、その努力は徒労に終わる。全員にファンになってもらうのは、不可能だ。

特に講演ではそうなのだが、こちらの話に懐疑的なのがありありと伝わってきて、わざわざ時間を割いて、なんのためにここへきたのだろうかと、こちらが首をかしげたくなるタイプの聞き手もいる。必ずいる。案外と多くいる。そういった聞き手は無視をするに限る。ネイティブな存在に引っ張られるのは損である。

それよりも、しっかり聞いてくれる人にだけ、しっかりと伝えようとすればよろしい。聞き手が100人いるならば、そこでたった一人でもトップオタになってくれそうな人が見つかれば、講演というアウトプットは大成功だ。

　これはプレゼンでも、何人かの飲み会でも同じこと。その場で話すことで仲良くなれる人が一人でも見つかれば、アウトプットした甲斐があったと言える。

第4章

印象を操作する「見た目」のアウトプット術

戦略的ビジュアル系のすすめ

アウトプットは自己表現だ

同じ本を読んでも、抱く感想は人それぞれで異なる。似たような感情を抱いたとしても、極端に語彙が少ないわけでない限り、その感情を表現する言葉は異なるはずだ。

同じインプットを受けても、アウトプットは異なるということだ。

異なる理由は、どんな本を10冊同時に読んできたかによる（詳しくは後ほど）。それまでに蓄積されたインプットと、新たなインプットが化学反応することで、感想というアウトプットが生まれるのだ。それまでのインプットが異なる人の感想との違いが生じるのは当然のことと言える。「それまでのインプット」は、別の言葉で表現すれば「育ってきた文化」である。

なので、ありふれた感想というのは実はない。

あたかも同じように育ってきた人であっても、これまで受けてきたインプットがまったく同じということはありえない。だから、自ずとアウトプットは変わる。

ゆえに、アウトプットはどんなものでも個性的であり、どんなものでも唯一無二だ。アウトプットすることとは、世に二人といない自己を表現することにほかならない。

この本では主に言葉（書く、話す）によるアウトプットについて述べてきたが、もちろん、アウトプットの手段には、言葉を用いないものもある。絵画や音楽はそのいい例だが、最も身近で、誰もがしなくてはならないノンバーバルな自己表現とは、自分の見た目をどう整えるかだろう。

何を着るか、髪をどうするか、これもすべてアウトプットだ。しかも、言葉を交わさない相手にも伝わるアウトプットである。外見というアウトプットに無頓着であることとは、自己表現の放棄。どう見られたいか、周りにどういったインプットを与えたいかは、常に意識する必要がある。

新しくて安い服は、高くて古い服に勝る

自宅にいるときの私は、パタゴニアの服を着ていることが多い。10年以上、

着ているものが多いので、かなりくったりとして体になじんでいる。買ったばかりの頃に比べて圧倒的に着心地が良くなっていて、手放すことなど考えられない。

外出に際しては、別の服に着替える。世の中ではパタゴニアの服はアウトドア用という認識かもしれないが、私にとっては完全に部屋着である。

その部屋着から何に着替えるのかというと、まず、ユニクロだ。

我が家にあるユニクロの服はすべて新しい。古いものはない。その新しいユニクロに、古いパタゴニアから着替えるのだ。

高くても古くてくたっとしていては、それを着ている人間も、古くてくたっと見える。新しくてパリッとした服は、着ている人を新しくパリッと見せる。これればかりは価格より、何度、袖を通したかが大きい。

ときどきスーツを着なくてはならないときには、新品のユニクロの靴下を下ろす。ワイシャツも鎌倉シャツの新品を着る。まず、ユニクロとも鎌倉シャツとも気づかれない。

そのユニクロも鎌倉シャツも、何度も着ていると、くたっとしてくる。そのくたっと具合は、私にとってはパタゴニアのそれに劣る。ゆえに、家の外でも中でも着る機会がなくなるので、おさらばとなる。

ワイシャツなどはあっさりと処分するが、役目を終えた靴下や下着の最後の別れは、旅先で迎える。

私は古くなってきた靴下などは一箇所にまとめて置いておいて、旅行に持っていくことにしている。そしてそこで最後のつとめをはたしてもらい、ゴミ箱へと消えてもらうのだ。旅が２週間も続けば、トランクの中はだいぶ整理される。そこにはお土産が代わりに入ることになる。

最近は、古い靴下が溜まってきたら旅を計画している。

ビジュアルで自分にタグをつける

パタゴニアの服のいいところは、着ているとほどよくよれてくるところだが、アウトドア用なので着ていて楽というのも魅力である。

なので、外出時、ユニクロの上に何か羽織るとなると、やはりアウトドアブランドのものが多い。最近は、ANTIBALLISTICというブランドのニットなどを着ている。アメリカはサンタフェに住んでいた原住民オリジナルの柄、サンタフェ柄のものである。

10年ほど前、やはりANTIBALLISTICのブルゾンをそうとは知らずにオッシュマンズで買って、気に入って着ていた。それを最近思い出し、近頃は、あまりサンタフェ柄を着ている人がいないので、新調して着てみようかなと思ったのだ。

10年もののそのブルゾンを確かめるとタグにANTIBALLISTICとあったので、検索してみたらアマゾンで売っていた。それを買って着ているのだ。冬場は、サンタフェ柄の人と思われてもいいと思っている。

同様に、夏はアロハの人と思われるべく、アロハばかり着ている。着ていて楽、デザインが豊富、人と被らないなど、アロハを選ぶのにも理由があるのだが、その最大のものは、「成毛さん？　ああ、あのアロハの人ね」

と思われたいからだ。

さらには「ああ、ヒゲを生やしたらなぎら健壱《けんいち》みたいな人ね」と言われたい。実際に、そう自己紹介をすることもある。

そうすることで、人の記憶に残るからだ。

私はマイクロソフトの社長だったことがあり、HONZを主宰しており、本も何冊か出しているが、それでもまず、他人の記憶に残らない。びっくりするほど覚えられていない。もちろん、こちらも他人のことをびっくりするほど覚えていない。

もしも私の名前が小泉角栄なら、記憶に残っていたかもしれないとは思う。

話は変わるが、江戸川乱歩という推理作家の素晴らしいところは、そのストーリー性よりも何よりも、その筆名をエドガー・アラン・ポーから借りたことだ。本名の平井太郎のまま活動していたら、はたしてここまで人々の記憶に残っただろうか。

主人公を明智小五郎としたのも、織田信長を最後に裏切った知性派の明智光秀と、地味ながらさまざまに活躍した桂小五郎を彷彿とさせ、賢いけれどもそれだけではないというイメージを上手く作りあげている。

『犬神家の一族』も、あれが佐藤家だったり田中家だったりしたら、あそこまでの雰囲気は出なかったはずだ。石川五右衛門しかり、ジャン・バルジャンしかりである。

だからといって現代のビジネスパーソンがここから着想を得て、「今日から私のことを西郷利通と呼んでほしい」などと言っても、頭がおかしいと思われるだけだ。

なので、人の記憶に残るには、名前以外のところで工夫をしなくてはならない。

どれだけ言葉で素晴らしいアウトプットをし、それを覚えてもらっても、そのアウトプットが誰によるものなのかを忘れられてしまっては、アウトプットの意味が半減してしまう。

なので、記憶に残るためのアロハであり、サンタフェ柄なのだ。

なお、ＳＮＳのアイコンは南暁子《みなみあきこ》さんに描いてもらったイラストに統一しているが、それも「あの赤バックでメガネに触れている人」と記憶してほしいからである。

ビジュアルは、成毛眞などの文字列よりも人の記憶に残りやすい。残すためのタグとして、ビジュアルを活用するのである。

モデルよりも店員を手本にする

いくら私でも、一年中アロハかサンタフェ柄というわけではない。ときにはスーツを着ることもある。

スーツを買うときには何を参考にするべきか。それは決してちょいワルおやじの出ている雑誌ではない。私はイタリアンな顔をしていない。日本の雑誌もどこか違う。そこで、素人のために服を選び、売るプロの力を借りる。

最近はパーソナルスタイリストなどに服を選んでもらう人もいるようだが、それよりももっと気楽に頼める人がいる。

それは、百貨店の販売員である。

彼らは服のプロである。そして多くの素人と接してきている。だから、こちらに予算があることも、東出昌大《ひがしでまさひろ》や向井理《むかいおさむ》のような足の長さがないことも、十分に承知の上で相談に乗ってくれる。

ただし、百貨店にはたくさんの販売員がいる。その中から、誰に選んでもらうのか。

私のおすすめは、まず、自分よりも少し若そうな人だ。

少し若そうな人とは、自分の精神年齢くらいの人と言い換えてもいい。

実年齢が40歳でも、気持ちは30歳という人はいるだろう。40歳のつもりが、いつの間にか50歳になっていたという人もいるはずだ。その場合、前者は30歳くらいの販売員に、後者は40歳くらいの販売員に相談をするべきだ。

もしそこで冷静かつ正直に同い年くらいの人のアドバイスを聞き、買ったところで、なんだか老けたような気がして、その服はなんとなく着なくなってしまうだろう。

やはり、精神年齢を基準にするべきだ。

では、精神年齢と同い年くらいの販売員が何人かいたら、どの人に頼るべきかというと、その答えは単純明快、自分がいいなと思う服を着て、着こなしている販売員だ。

これはという人が見つかったら、こう頼めばいい。

「あなたが着ている服がとても素敵なので、上から下まで同じものがほしい」

そう言われて、嫌な思いをする販売員はいない。

彼らはその年の一押し、売りたいものを自分がモデルとなって提案しているので、それを認めてもらったら嬉しいに決まっている。

ただし、まったく同じものを買う必要はない。予算を告げれば、同じような、しかし少し安めのものも、必ず紹介してくれる。

百貨店での買い物には、プロ中のプロによるパーソナルスタイリング代も含まれていると考えれば、決して割高とは言えない。

見た目は非可逆

精神年齢に近い販売員に相談したほうがいいのは、そのほうが気持ち的に老け込まずに済むからなのだが、見た目的にも老け込まないことは重要だ。何がなんでもとは言わないが、できる限り若作りはしたほうがいい。

ただし、たとえば、白髪が目立つようになったら髪を染める、肌が乾燥するようになったらスキンケアをするといった程度で十分だ。アンチエイジングをするというよりも、エイジングのペースを緩めるつもりでちょうどいいと思う。

なぜエイジングのペースを緩めたほうがいいのかというと、年相応には、いつでもなれるからだ。

染めていなければ、私の髪は真っ白である。真っ白なら真っ白で、司馬遼《しばりょう》太郎《たろう》のような風格が生まれ、発言にも重みが出るのかもしれないが、しかし、一度、司馬遼太郎路線を歩みはじめてしまったら、もう二度と、色つきの髪には戻れない。

髪の黒い人間が、いつしか白くなるのは自然だ。しかし、当事者も周囲の人間も、その逆には慣れていない。多かったものが減っていくのには慣れていても、少なかったのが増えていったら、本人はさておき、周りは必ず、戸惑ってしまう。

白くしてしまってから黒くすることは、いたずらに周囲をざわつかせる。それは若返ったとは捉えられず、無理をしていると思わせてしまう。それは私の望む形の記憶への残り方ではない。だから選ばない。

同様に、ヒゲも生やさない。

若く見られることに悩む男性はヒゲを生やして貫禄をつけたがるが、そんなことはいつでもできる。むしろ若く見られる喜びをかみしめるべきだ。

なぜチーフを入れ、メガネをかけるのか

ジャケットを着たとき、私は必ずポケットにチーフを入れる。

それがいいと思うからというよりも、発言や行動がぱっとしていない人は、たいていチーフを入れていないとあるとき気づいたからだ。

だから、そうなりたくない自分としては、チーフを入れる側にいたい。だからチーフを入れるのである。

私の場合はたまたまそれがチーフだが、他の人にとってはカフスかもしれない。スーツの裏地の色味かもしれない。そういった小さなところで、自分はどちらにつくのかを決めていくと、いくつかルールができていく。それを守ることが「あの人は個性がある」「あの人にはスタイルがある」と言われることにつながる。

なので、仕事でスーツを着ることが多い人は、大枠を百貨店の店員に相談して決め、細部に関しては、自分がどうありたいか、どうありたくないかで決めていくと〝らしさ〟が自ずと生まれるはずだ。

メガネについても、私はかけると決めている。

視力の問題もあるのだが、最近はコンタクトレンズを使う人が多く、メガネをかけていることそのものが、先ほど書いたような一つのタグにもなるし、それに、メガネはセルフプロデュース、見せたい自分に見せるために最適な小道具だと思っているからだ。

真面目で堅く見せたければ黒のスクエア、学究肌に見せたければレキシントンやウェリントン、アート系に見せたければラウンドなど、たやすく印象を変えられる。メガネに詳しくなくても大丈夫、メガネ屋で相談すればいい。そこには必ず、プロがいる。個人的には、アラン・ミクリという店がおすすめだ。

特に、年齢を重ねたら、視力に問題がなくてもメガネをかけたほうがいいし、メガネは派手にしたほうがいい。なぜなら、表情が明るく見えるからだ。年をとればどうしても、肌がくすんで暗く見える。それをカバーしてくれるのがメガネである。

かなり年配のおばあさんがピンクの蝶々のようなメガネをしていると、見ている側もなんだか幸せになるではないか。メガネは偉大なのである。

第5章 インプットするなら「知識」ではなく「技法」

日常に潜む優良インプットソース

インプットしたいのはWhatか、Howか

歌舞伎役者にはゴルフの上手い人が多いが、それは、舞踊もゴルフも人間の体の動きを目で見てインプットし、それを自分の体の動きとしてアウトプットするという点で、同じということなのだろう。また、彼らにとってインプットという行為は、アウトプットという行為が前提となっている。

我々もそれでいい。

大人の多くがインプット過多であることは第1章でも書いた通りだ。日々、それを実感している人も多いだろう。

入れすぎているなら、それ以上入れようとしないのがいちばんいいのだが、それもなかなか難しいだろう。どこで何をしていても、今や、インプットを遮断するのは困難な世の中になっている。

そこで、どうせ入れるなら、必要なもの、欠けているものだけを入れて、不要なもの、過剰なものは後回しにするべきだ。

我々は普段、無意識のうちにインプットをしている。インプットすることで、

知識（Ｗｈａｔ）を増やし、技法（Ｈｏｗ）を蓄積している。

　ここで、知識と技法とは異なることを十分に意識する必要がある。

　過剰になっているインプットは、たいていが知識に関するインプットだ。グ グればわかるようなタイプのものである。これらはもはや、今以上にインプットする必要はない。必要に応じて、調べればいいだけだ。

　しかし、知識のインプットには楽しい面があるのも事実だ。読書が好きな人は心から賛同してくれるだろう。

　そこで、クイズ王のようになんでもかんでも知ろうとせず、プロの手によって選別され、整理された知識を効率よくインプットすることをすすめる。これはたとえば、未知の分野の入門書を読むなら、最も薄いものを選ぶということだ。

　知識に比べると、技法のインプットはまだまだ不足しているのかもしれない。例外は文章技法で、これは小中学校で散々学んできている。

　また、技法のインプットにも二つの方法がある。

一つは、そのやり方を言葉でインプットするというもの。マニュアル本を読む、座学で学ぶなどがこの例だ。

もう一つは、実際の技法を見ることによるインプットだ。歌舞伎役者が舞踊を覚えるために先人の舞踊を観察するようなインプットだ。

そして、多くの人は、言葉によるインプットが過剰で、観察によるインプットが足りていない。

観察にはそれなりに時間がかかるので、観察によって技法を身につけるのは非効率的にも思えるが、実際には、いくら読んでもできなかったことが、真似たらすぐにできるということはいくらでもある。

使える時間は限られている。知識のインプットは選別されたもの、技法のインプットは言葉ではなく動きで、と意識するといいだろう。

嫌いなもの、苦手なものには近づかない

知識のインプット過剰な人はたいてい、真面目である。学びたいという意欲

の強さが、インプット過多の状況に自らを追いやっている。中には、苦手なものを克服したい、嫌いなものを好きになりたい、そのための努力の一環として、インプットに励んでいる人もいるだろう。

もしも、その勉強熱心な情熱の持ち主が10代の若者なら、私は応援するかもしれない。

しかし、30代以上なら、何をバカなことをやっているのだろうと思う。なぜ、苦手なこと、嫌いなことのために貴重な時間を使うのか、さっぱり理解できないからだ。

まず、その時間が楽しいとは決して思わない。嫌だ、やりたくない、つまらない、なぜこんなことを、と常に感じているはずだ。なぜそこまで自分に厳しいのか。

それに、苦手なものに取り組むという苦行、嫌いなものに向き合うという難行、これらが仮に実を結び、苦手なものが人並みにできるようになった、嫌いなものが嫌いではなくなったとして、それにいったいどんな意味があるのか。

周りを見渡せば、そんな難行苦行をしなくても、同じレベルに立っている人ばかりのはずだ。努力の方向を間違っている。その努力は、砂漠に暮らしながら泳ぎを覚えるようなものだ。

そんなことに時間を浪費するのなら、得意なことをもっと得意にし、好きなものを好きにするために労力を注ぎ込み、その分野で周りに差をつけ、差別化を図るべきだ。

唯一の例外は、書くことや話すことなど、考えを伝える方法、つまりは自分自身のアウトプットのスキルアップだ。これに関しては最低でも平均程度のスキルを身につけておかないと、伝えられないことで損をする。

ただ、それ以外に関しては無理をしないこと、しているならやめることだ。苦手分野の本は読まない、嫌いな情報には触れない。そうすると、無駄なインプットが減り、無駄なインプットに使っていた時間がほかのことに使えるようになる。

何はともあれＮＨＫ

得意なもの、好きなものにまつわるインプットにはテレビを上手く使うといい。それもＮＨＫがいい。

ＮＨＫがいい理由は、潤沢な予算を使い、ＮＨＫだから許されるようなところでの取材ができるからだ。いわゆる「特別な許可を得ての撮影」は、日本ではＮＨＫの専売特許のようなもの。同じテーマの番組でも、他局に比べるとＮＨＫのものの質が圧倒的に高い傾向にある。

また、民放はＣＭ前とＣＭ後で同じＶＴＲを流して、見る者の関心を煽ろうと一生懸命だが、ＮＨＫにはそれがない。

それに、取材結果はほどよく編集した上で放送している。

ＮＨＫの25分番組に、『ドキュメント72時間』というものがある。72時間、つまり3日間にわたる取材内容を、25分に凝縮した番組だ。72時間は４３２０分なので、放送されるのは72時間中の0・5％ほど。99・5％は捨てられているのだ。残った25分間はまさにエキス、効率よく摂取したいものだ。

さらに、NHKのナレーションは、前にも書いたように、1分間で300文字というスローペースだ。なので、1・3倍速再生をしても違和感なく聞くことができる。

私はニュース現場からの生中継などを除いては、テレビは録画したものを見ている。理由は1・3倍速再生ができるからだ。みっちり60分の番組も。46分ほどで視聴ができる。エキスをさらにエキス化できるのだから、この差は大きい。だから録画に限るのだ。

なお、テレビは集中して見る必要はない。BGMのように、家にいる間、流しておくだけで十分だ。

テレビの時代は終わったなどと言われるが、それでも、たいていの家ではテレビはいい場所に置いてある。ただ置いておくだけではもったいない。ぴんとくるかもしれない何かのために、画面には常に、1・3倍速でNHKを表示させておきたい。

なぜTEDを見るべきか

　ＴＥＤと言われて「それなんですか」という反応をする人はもはやいないだろう。非営利団体がカナダで開催するカンファレンスで、その様子はネット経由で全世界に中継される。

　テーマも登壇者も旬であることが多いので、きっと見たことがあるはずだ。そして、これは見たほうがいい。

　ＴＥＤに関しては、講演内容が日本語に翻訳され、それがまとめられたサイトもある。もしも、インプットしたいのが知識なら、それを読めばいい。

　しかし、得たいのがプレゼンの技法であるならば、たとえ知らない言語が使われていたとしても、映像で見るべきだ。

　映画やドラマは、字幕や吹き替えがなくても、なんとなくの展開はわかる。それはそこに、言葉以外での表現が盛り込まれているからだ。ＴＥＤから学ぶべきは、その表現の技法である。

　だからＴＥＤは、時間がかかっても、見なくてはならないのだ。

また、講演会などに足を運ぶくらいなら、ビジネスコンテストなどを見にいったほうがいい。講演会では知識しか得られないことが多いが、ビジネスコンテストは、お金をかけた競技なので、勝ち抜くための工夫が随所に見られるからだ。真似しやすいものも必ず見出せる。

もしも講演会へ行くなら、知識を仕入れるためではなく、登壇者と親しくなるために行くべきだ。

第3章で書いたように、登壇者は聴講者の中に自分のファンになってくれそうな人を探して話す。そうではない人もいるかもしれないが、少なくとも私はそうだ。

なので、その登壇者の話におおげさなくらい反応し、気分を盛りあげ、話しやすくすれば、登壇者はあなたのことを認識する。

講演会の後、登壇者の前に名刺交換の長い列ができることがあるが、そこで名刺交換をしても、登壇者の記憶には、まず、残らない。例外は、そこにいるのが講演中に、熱心すぎるほど熱心に聞いていた聴講者である場合だけだ。

すると、所属や名前を覚えてもらえるかもしれない。わざわざ時間を使って講演会へ行くなら、そこまで徹底してリターンをもぎ取りにいくべきだ。

そうでないのなら、自宅でTEDを見ていればよい。

メイキングという宝庫

私は最近、絵画に興味を持っている。鑑賞するのは昔から好きだったが、自分でも描いてみたいと思うようになったのだ。

しかし残念なことに、過去の学校教育で絵画技法については十分に教わっていない。教わったのかもしれないが、とうの昔に忘れている。そこで、学ぶことにした。

本も買って読んだが、いちばん良かったのは、水彩画家・永山裕子《ながやまゆうこ》さんの『永山流 水彩画法』というDVDだ。

このDVDでは、プロの素晴らしい絵画が、どのようにして描かれるかが解説されている。つまりメイキングの過程を明かしているのだ。素人であっても、ここから学ぶことは多い。見なければ知らないままでいたことがいくつも映像の中に見つけられた。

よく、絵画の腕前を上げたければいい絵画を鑑賞しろと言われる。いい演奏ができるようになりたければいい演奏を聴けとも言われる。しかし、そればかりでは上達は望めない。

いい成果物をインプットとし、それをアウトプットの糧とできるのは、アウトプットの技法を持っている人だけだ。

技法のないままいい成果物をインプットしても、プロの鑑賞家にはなれるかもしれないが、アウトプットする側にはなれない。スポーツも同じで、いいプレーを見続ければ評論家のようなことは言えるようになっても、自分のプレーは到底、そこには及ばない。

だからこそ、メイキングが役に立つのだ。

今、テレビだけでなくネットでも料理動画が人気なのは、文字でレシピを読んだだけではわからない技法が、目で見てわかるからだろう。

そこには、文字だけでは伝えきれないものがある。もちろん、美味いものを多々食べているだけではわからないテクニックが、まさにメイキング動画からは伝わるのだ。

プロによるメイキングを見ていると、とてもじゃないけど真似できないと思わされるものもある。しかし、これなら少しは真似できそうだと思えるものもある。それこそが、深層心理ではやってみたい、得意なアウトプットと言えるのではないか。

映画でも、ＤＶＤやＢｌｕ－ｒａｙを買うと、メイキング映像がおまけでついてくることがある。映画という成果物を見た後にそのメイキングを見ると、その作品のすごさ、ときにはしょぼさもよくわかる。それは必ず、自分が映像表現をするときの基礎となる知識にも技法にも反映される。ただ作品を見ただけでは得られないものが、メイキングをあわせて見ることで得られるのだ。

映画は最近、動画配信サービスでもかなりの数が見られるようになっているが、残念ながらメイキングに関しては手薄だ。メイキングも見られるようにしてもらいたい。

なお、ユーチューブには、国立研究開発法人 科学技術振興機構(JST)がアップしたメイキング動画集がある。

ちくわ、タオル、たわし、かりんとう、ビリヤード台など、専用の機械によって作られるので真似できそうなものはほとんどないのだが、うっかり見はじめると時間がいくらあっても足りない。暇で仕方のないときにしかアクセスをしてはならない。

英語より落語

絵画や音楽、料理などのアウトプットの技法は、成果物から学ぶよりメイキングから学んだほうが圧倒的に効率がいいが、アウトプットの技法がある程度、身についているもの、たとえば文章を書くこと、話すことに関しては、メイキングまでいかずとも、誰かが書くものを真似たり、誰かが話すのを真似たりするのがいい。

問題は誰を真似るかだ。

話術を学ぶため、トーク上手と言われるお笑い芸人を真似ることはおすすめできない。最近のお笑い芸人の芸はリアクション芸が多いので、リアクションは学べても、アウトプットは学べないことが多いからだ。

それに、お笑いはときに攻撃的で、その攻撃性を容認している場でしか通用しないことが多い。ビジネスの場でお笑い芸人を真似ても、あきれられるばかりだろう。

それに、話術で最も学ぶべきは、言葉遣いや滑舌ではなく、まず、リズム感だ。

田中角栄が幼い頃、吃音《きつおん》に悩んでいて、それを浪曲《ろうきょく》を習うことで克服したのは有名な話だ。後のイギリス王・ジョージ六世もヨーク公時代に吃音で、史実に基づいて作られた映画『英国王のスピーチ』では、歌うときには吃音が出ないことが指摘されていた。

リズムがあれば、言葉は出てくるのだ。そしてそのリズムに乗れれば、上手く話せるというわけだ。

ではそのリズムをどこで学ぶのかというと、日本ではやはり落語ということになるだろう。

落語家は今、800人ほどいるといわれているが、真っ先に聞くべきは、存命の落語家ではなく、2001年に若くして亡くなった古今亭志ん朝《ここんていしちょう》の落語だ。リズム感が実にいい。一度も聞いたことがないのならそれは大いに損をしているので、一度は聞いたほうがいい。できれば何度も聞くべきだ。

存命なら人間国宝にもなった柳家小三治《やなぎやこさんじ》で決まりだ。この人もリズム感がいいのだが、間も独得。単に話し続ければいいわけではないことは、この人から学べる。

よく、英語を聞き流しているうちに話せるようになったなどという広告を目にする。それが本当かはわからない。しかし落語に関しては、聞いているうちにいつしか、落語のようなリズムで話している自分に気づくはずだ。ビジネスパーソンは、落語を真似る必要はない。しかし聞いていればいつしか、自分の話し方の中に、落語的なリズムを見出すことになるだろう。

　自動翻訳の精度が上がる今、いつ使うかわからない英語を熱心に学ぶ時間があるのなら、日本語のリズムを良くすることに集中したほうがいい。プロの話芸を聞いていればいいのだから、苦痛どころか楽しくて仕方なくなる。

床屋に学ぶ「そういえば」の展開

　東京・久我山《くがやま》にワタナベ・バルビエーレという店がある。理髪店だ。美容院ではない、いわゆる床屋だ。ただし、床屋にしてはかなりしゃれている。

　ここで私は髪を切ってもらっている。その理由は、亭主の腕前でも店の雰囲気でもない。どちらももちろんいいのだが、それ以上に、亭主の話が面白いのだ。もっと正確に言うと、世間話が上手いのだ。髪を切りヒゲを剃る1時間、まったくこちらを退屈させない。

　なぜにこれほど話が面白いのか。私なりに分析したところ、理由は二つあった。

まず、地元に密着している。

久我山は住宅街なので、やってくる客は基本的にそこの住民だ。だから、話題も近所の話題が中心となるのだろう。客が1日8人くれば、8人の地元通と話をすることになる。亭主は話をしながら、話を仕入れてもいるのだ。だから街の変化にも詳しい。そこに噂話はあっても悪口はない。客商売の基本はやはりしっかり押さえている。

さらに、話の展開が上手い。1時間、同じ話をしているわけではない。「そういえば」「そういえば」と話題をころころ変えていく。これはそれだけ話のネタを持っているということ。客の反応を見て、この人にはこの話題が受けそうだと判断しているのだろう。8人なら8人の客に同じ話をしているのではなく、「お客様にはこの話題がよろしいかと存じます」といった具合に、チョイスしているのだ。

この亭主がやっていることは、編集だ。単に、こんなことがありましたという報告をしているのではなく、こんな話はどうでしょうと提案し、それが面白いならこんな話もありますと、腕のいいコンシェルジュのように世間話という最も難しい話を面白く展開させていく。

　昨今のスナックブームも、ママが同様に、編集した世間話を提案してくれるからこそだろう。その場を居心地よくするのは、面白い世間話なのだ。床屋もスナックもサロンであり、そこでの最大のもてなしが、面白い話というわけだ。

　裏を返せば、世間話のない空間はどこかぎくしゃくしている。

　仕事のことは雄弁に語れても雑談になるとたんにおとなしくなる人がいるが、それでは、ビジネスについてもいい会話ができないだろうと思う。なぜなら「そういえば」のきっかけがないからだ。仕事の話がはじまってしまうと、そこから話をそらすのははばかられる。

　しかし、世間話は世間話を「そういえば」と引き出して、思いもよらない話題にたどり着くことがある。そこは、仕事の話だけをしていては絶対にたどり着けない境地だ。

　世間話、雑談は一見、無駄に感じられる。しかし実際には、想像もしなかった場所への着地を可能にしてくれることがある。

苦手なことは学ばなくてもいいが、髪を切ってもらっている間はほかにすることもないのだから、話し上手な亭主のいる店で話術に触れるのがいい。

やっぱり本は10冊同時に読め！

世間話や雑談が上手い人は、満遍なく得た情報の編集が上手い人でもある。

それを真似るに当たっては、インプット過多に陥ることなく、ほどよく満遍なく、その本人が編集しなければつながらなそうな話題、知識を仕入れる必要がある。

だからテレビを1・3倍速で〝流し見〟するのだが、この本を読む人は本が好きだろうから、本でそれを実現する方法を書きたいと思う。

それは、10冊同時に読むことだ。『本は10冊同時に読め！』という本もあるくらいだ。著者は私である。

なので、もうこの話は知っている人もいるかもしれないが、これはインプットのコツなので、ここでも改めて記したい。

本は10冊同時に読むということは、その読み手でなければ起こせない化学反応を起こすことだ。

たとえば、マーケティングの本、駅伝の本、仏像の本、量子コンピュータの本、応仁の乱の本、低温料理の本、刀鍛冶《かじ》の本、サボテンの本、ウィスキーの本、椅子のデザインの本を、同時に読み進める。

おそらく、世界中を探しても、今、このタイミングで、これら10冊の本を併読している人は、自分以外にはいないはずだ。つまり、この10冊、そして現在の社会状況との化学反応を起こせる人は、自分しかいないということだ。

この10冊は、先の理髪店にとって、その日やってくる10人のお客が持ってくる話題そのものだ。

だから、10冊くらいは同時に読むべきなのだ。

ただ、理髪店も、やってくる客、やってくる客が同じ話ばかりしているようでは退屈するだろう。読書も同様。同じ分野の本は併読しない。何冊か読みたいと思っても、1ジャンルは1冊までだ。読み終わったら次の本を開く。テレビもそれを意識して見ている。シリーズものを何週か録り溜めても、それを続けて見ることはしない。サイエンス番組の後には歴史もの、歴史のものの後には紀行ものなどといった具合に、シャッフルをさせている。

10冊併読で重要なのは、化学反応は必ずしもすぐには起こらないと知っておくことだ。いつも必ず、爆発のような過激な反応があると期待していると、肩すかしを食らってしまう。

化学反応は、すぐにそれとわかるものばかりではない。時間のかかるものもある。長く寝かされた酒にはいい酒が多いが、それはじっくりと化学反応を引き出しているからだ。

読んだふりをするくらいなら読むな

聞くは一時の恥、聞かぬは一生の恥という。知らないことを一生隠し通せれば恥ではないのかもしれないが、しかし、損ではある。知るための一時の恥を恐れなければ、「そういえば」の連鎖でまた別の、面白いものに出会えるかもしれないのだから、知ったかぶりはしないほうがいい。

それでも知ったかぶりをしたい人は、ダイジェストに手を出す。特に難解とされる古典などを読むのはしんどいからと、マンガ版を読んだりもする。

しかしこれでは、その古典、本家本元が持つディテールが抜け落ちてしまう。これでは、読んだ意味がない。

かつてアメリカでは『リーダーズ・ダイジェスト』という雑誌が流行った。今もあるが、それは要するに、売れている本の要約を載せたもので、現物は読まない人に読んだ気分になってもらうためのものだった。主な読者は中流層だったが、さて、その読者がどれだけその中流層から脱出できたかというと、ほとんどいない。むしろ、中流層全体が下流に飲み込まれてしまった。

オーディオブックもあまりおすすめしない。私の中での位置づけは、『リーダーズ・ダイジェスト』と同格だ。

書籍として書かれたものを誰かが読みあげたものを聞くというものだが、これも、子ども向けの音読を前提にした本なら話は別だが、やはり無理がある。

本を書く側は、黙読されることを前提に書いている。また、多少砕けた文体であっても、話し言葉ほどではない。口では「五万」と言っていても、書くときには「五万円」と書く。するとそれを耳で聞くと、なんだかかしこまって聞こえる。そういった違和感は、案外とバカにならない。

書く側はまた、行間を読ませるような書き方を試みることもある。いったん通りすぎた箇所を、もう一度、遡って読んでもらうような工夫も施す。オーディオブックではそのディテールも楽しめず、読めば学べた表現も、聞いてしまってスルーすることになる。

オーディオブックで聞いた話を、また改めて読もうとする人は少ないだろう。すると、読まないままになる。オーディオブックで聞いてさえいなければ読んだかもしれない本を読むチャンスを失うことになるのだ。

なので、通勤時間にオーディオブックを聞いている人がいるなら、即座にやめるべきだ。だったら代わりに落語を聞いたほうがいい。

単語は動詞と一緒に使うから輝く

第2章で文章中の漢字とかなの比率について書いたが、もう一つ、私には文章を書くときに気をつけていることがある。それは、専門的な言葉をできるだけ使わないことだ。

子どもは覚えたばかりの言葉を使おうとして、誤用し、笑いを誘うことがある。大人も同じで、何かを知って、自分の知識が増えたことが嬉しくなると、その知識を披露したくなるように人間はできている。そしてその結果として、誤用することもある。

だから、下手に使うくらいなら使わないほうがいいのだ。

もう一つ、使わないほうがいい理由がある。それは、専門用語を使わないことは、その分野のプロではないことを、暗黙のうちに宣言することだからだ。なぜ、素人であることを明かしたほうがいいのか。それは、プロから教えてもらえるかもしれないからだ。

このことは特にSNSで感じる。何か興味を持ったことについて書くと、その分野の専門家がどこからともなくやってきて、実に見事な解説をコメントとしてつけてくれることがある。それを読むと、ありがたいと思う反面、知ったかぶりをしなくて良かったと思う。

プロから嫌われるのは、プロ気取りの素人だ。使いこなせないプロ用のツールを使いたがるがごとく、専門用語を使いたがり、それが間違っていると、その素人に対してプロは、どこからコメントしたらいいかがわからなくなり、口をつぐむ。したがって、いいコメントは得られず、いいインプットは得られなくなる。だから専門用語はあまり使わないほうがいい。

逆に、その分野に通じているように見せかけたいのであれば、専門用語を使うべきだ。ただし、馬脚を露《あらわ》さないないように細心の注意を払う必要がある。

たとえば、出版業界では、本が売れて市場からアンコールがかかることを「重版がかかる」「重版が決まる」などという。その重版が刷りあがると「重版が出来《しゅったい》した」という。このとき、重版という単語しか知らなくて「重版を印刷する」「重版が現れた」などとしてしまうと、とたんに素人臭くなる。

赤字についても同じだ。出版業界で赤字といえば、利益がマイナスのことではなく文字修正などの指示のことをいう。その赤字は「書く」ものでも「記す」ものでもなく「入れる」ものと相場が決まっている。

単語は、それに連なる動詞と一緒に使ってはじめて輝く。だから、重版という言葉を知ったなら、それに続く動詞がどんなものなのかを調べるような手間は惜しんではいけない。それができないなら、専門用語は使うべきではない。

ＳＮＳは一方通行で使う

ＳＮＳでは思いがけず専門家から知見を得られることもあるが、それよりも圧倒的に多いのは、無駄な情報に触れてしまうことである。

間違っているコメントや単なる言いがかりなどは、その文字列を読み脳で解釈するエネルギーが無駄になる。なので私は、できるだけ目に触れないようにしている。つまりブロックをするのだ。

これは、ＳＮＳの画面を編集するということだ。好きなもの、いいと思うものを優先的に並べるのと同じように、嫌いなもの、なんだこりゃと思うものは排除していく。雑誌の誌面もセレクトショップも、そこに何があるのかと同じくらい、あるいはそれ以上に、そこに何がないのかも大事なのだ。

また、ＳＮＳは、ありとあらゆる人に同じように発言権を与えた。それは、素晴らしい知見がシェアされやすくなったことであり、それ以上に、くだらない言説が世の中に広まりやすくなったことでもある。ＳＮＳはまさに玉石混《ぎょくせきこん》淆《こう》なのだ。

その点で、いささか手前味噌になり、また、すべてがそうとは言い切れないが、書籍は、ある程度の知見のある人が書いていることが多いので、くだらないものが混入する割合は低い。

なので、インプットは書籍や、前に書いたようにＮＨＫの番組などに頼ったほうがいい。ＳＮＳは、書籍や番組で知った人をフォローするなど、インプットに関しては組み合わせて使うべきだ。

一方のアウトプットに関しては、臆してはならない。その理由は第1章で書いた通り。ＳＮＳでアウトプットしない人は、そこにいないのと同じことになるからだ。

では、何についてアウトプットするのかというと、それこそ、書籍やＮＨＫの番組のような、出版や放送に至るまでのフィルターを通過してきた、信頼に値するインプットが適したテーマと言える。ＳＮＳは、アウトプットに使い、インプットにはほかのツールを使うことをすすめる。

私の場合は、ニュースとして報じられたテーマについてコメントすることが多い。フィルターを通過してきているし、ニュースならネット上にもそのまま引用できるものがあるので、わざわざ手入力をする必要がないからだ。そこにはそのものズバリについての感想などばかりでなく、「そういえば」の話題も加えるようにしている。

いつかアウトプットできそうな情報は一箇所に溜めておく

アウトプットのためのインプットは、アウトプットするまでその役目を終えていない。ただ、インプットしたものをすぐにアウトプットに回せるかというと、そうとは限らない。いつかどこかで使えそうな小ネタというものは、何かを知るたびに自分の中に積みあがっていく。

それが小石なら賽《さい》の河原のようになるはずだが、記憶の場合は、いつの間にか頭から消え去ってしまうことがある。それでは、せっかくのインプットが浮かばれない。そこで、自分の脳という頼りない記憶装置ではなく、外部記憶装置に頼るべきだ。

具体的には、パソコンやスマホに、メモを残しておくのである。それも、一つのファイルに、前後の脈絡なく次々に加えていくスタイルで溜めていく。

私の場合は、テレビを見るときも本を読むときも、はたまた人に会って話をするときも、必ず手元にスマホがあるので、これはというものに出会った瞬間、「Captio」というアプリを立ち上げ、音声入力でその出会ったものや現象の名前などを記録する。Captio は自分宛にメールを送るアプリである。

すると、後でメールをチェックしたときに、自分が送ったキーワードが目に入る。追加情報がないかググり、はたして面白いものに出会うこともある。

そうしたら、以前からその手の小ネタを書き留めているワードのファイルを開き、それらをコピペしておく。

そこには、10年前のコピペも今のコピペも同居している。10年前に自分が興味を持ったものと、今の自分が興味を持ったものが、同等に扱われているのだ。ここでは、本を10冊同時に読むときのような化学反応が起こることがある。

だからファイルはかねてから使っているものを、更新し続けるのだ。そうしているうちに、老舗の鰻屋のタレのような、混沌とした、しかしほかの誰も持っていない自分だけのネタ帳ができあがる。

デパ地下はなぜ面白いのか

私はアームチェア・ディテクティブならぬアームチェア・トラベラーなので、あまり外出を好まない。特に最近のように、どこへ行っても人があふれている時代には、かたくなに家の中にいる。もしもインドアがブームになったら、私は意気揚々と外出するようになるだろう。

しかしそれでも、出かけることはあるし、出かけた先でチェックするのを楽しみにしている場所がある。

デパ地下だ。

デパ地下の面白さについては、いろいろな人がいろいろなところで言ったり書いたりしている。流行の先端、今の消費者の気分、そういったものが反映されているのがデパ地下だ。

しかし私が楽しみにしているのは、今、デパ地下に何があるかではない。以前あったどの店がなくなり、以前なかったどの店が新しく加わったのか、その変化を見ているのだ。デパ地下の面白さは、その変化にこそある。

最近はいろいろなメーカーが、季節限定商品に力を入れている。平成も終わろうとする今の日本で、季節の到来を告げるのは、ガリガリ君、ハーゲンダッツ、ペプシ、カップ焼きそばなどであることが少なくない。

季節限定商品は、いつも同じものばかり売っているコンビニやスーパーに、変化を生み出している。新しい季節限定商品があるかもしれないから、これといって用もないのにコンビニに寄ってしまう人もいるくらいだ。

そう考えると、頻繁に入れ替えをしているデパ地下は、少しずつであっても変化を起こそうとしているわけで、これは素晴らしい企業努力だ。一方で、何年がすぎてもテナントが入れ替わらないデパートもあって、こちらには魅力が感じられない。

デパ地下が面白いのは、行くたびにアップデートが感じられるからだ。

街もそうで、変化のない街には、今、行く必要がない。しかし、少しずつ変わる街のことは、たとえば1年間も訪れずにいると、その1年間のじわじわとした変化を見逃してしまうことになるので、目が離せず、つい通ってしまうことになる。

これはデパ地下や街にだけ当てはまることではない。

人間も同じである。

いつもいつも同じことを言っている人は飽きられる。かといって、明日になったら昨日と正反対のことを言っている人は信用されない。少しずつ変わることが、相手を飽きさせず、定期的に会いたいと思わせるポイントなのだ。

インプットが過剰である必要がないのは、これも理由だ。人はゆっくり変わればいいのだ。急変してもろくなことがない。

プロレスはどこがプロなのか

最近、暇があるとユーチューブでプロレスのとある試合を見てしまう。飯伏《いぶし》幸太《こうた》とヨシヒコの戦いである。

詳しくはネットで調べてもらえればと思うのだが、飯伏幸太とは、身体能力抜群のレスラーで、ヨシヒコもまた、身体能力抜群のレスラーということになっている。

ただ、誰も声高に指摘はしないが、ヨシヒコは、どう見てもラブドールそのものだ。しかし、設定上は素晴らしいレスラーとなっている。

そして、どう見ても人間の飯伏幸太は、そのヨシヒコを相手に、手に汗握る、

1ナノ秒とも目を離せないようなプロレスの試合を繰り広げる。とても人形相手とは思えない、生身の人間との戦いのように見えるのだから、飯伏幸太とは恐ろしいレスラーだと思う。

プロレスはほかの格闘技とは一線を画している。また、ほかのスポーツ全般とも異なる。

ほかのスポーツにショーの要素がゼロとは言わないが、圧倒的に優先されるのは勝負である。たとえ試合内容が退屈でも、勝つことが優先される。「負けちゃったけど、面白かったからいいよね」という評価をされることはない。

しかしプロレスの場合はそれが逆転している。スポーツマンシップよりもショーマンシップが上回り、勝つことよりも見る者を魅了することが優先されているのだ。プロレスのプロたるゆえんはそこにあると私は思っている。

見る者を意識したアウトプットを考えると、私はこの飯伏幸太がヨシヒコと繰り広げる戦いにいきつく。人形相手（失礼）の試合すら、エンタテインメントとして仕上げるアウトプットの才能を、飯伏幸太は持っている。

マネタイズ化には少しの手間が必要

ディストレストアセットという言葉をご存じだろうか。かつてゴールドマンサックスが得意としていた〝アウトプット〟の方法だ。

それは、経営が行き詰まった、倒産間近の企業を破格の安さで買い取るところからはじまる。買われた側は破格とはいえ、それで十分に助かった。

さて買った側はどうするかというと、その会社をさっさと潰してしまう。潰して、その会社の持っていたもの、土地、デスク、椅子、照明、傘立て、灰皿、場合によっては建物を解体したときに出てくる木材、タイル、ドアノブ、窓なども売りまくる。その売上げが、倒産寸前の会社の購入費用を上回れば、小商いの成立というわけだ。

これは、倒産寸前の会社という大きなひとかたまりを、椅子や灰皿、タイルなどに分解し、それぞれを売るという手間をかけたからできたことで、会社を会社のまま売ろうとしても、つまりインプットしたままの形でアウトプットしようとしても、買い手はつかなかっただろう。

会社をパーツにばらしていく作業は、面倒くさくはある。しかしこれを面倒がらなければ、アウトプットでのマネタイズが可能になる。

ゴールドマンサックスに限らず、今の日本でも、同じような商いをしている人はいる。古民家とまではいかない古い家を買って、それを解体し、ほどよく古びた建材を売っている人もいれば、１冊１００円で買った洋書を、海岸でタダで拾った貝殻を、インテリアグッズという扱いで高く売る人もいる。

これはつまり、インプットを探している人のために編集をしてアウトプットをするということだ。特にマネタイズのためのアウトプットをするときには、この意識が不可欠である。

単に「古い家、買いませんか」ではなく、「レアで二つとない年季の入った建材買いませんか」という提案をするのだ。これが、他人がスルーしている現象をマネタイズしながらアウトプットする唯一の方法だ。

第6章　アウトプットを極上にする対話術

コミュ力は今からでも上げられる

データ化されている情報は少ない

アウトプットはSNSで、インプットは書籍やテレビから。

それが最も手軽でハードルが低い。なので、はじめるならまずはここからがいい。

逆にハードルが高く感じられるのは、専門家からの直接のインプット、自分よりもその分野に詳しい相手への、やはり直接のアウトプットではないか。

一時停止や早送り、ちょっと付箋を挟んでおいて、ということはできないし、知識が曖昧な範囲に話が及んだらググりながら書き進めるというわけにもいかない。その場その場でのリアルタイム処理が求められる。

その処理能力は、講演やプレゼンなどの一方通行なものではなく、対話となると、より一層、高いものが求められる。

だから面倒だ、やりたくないと思う人もいるかもしれないが、それでも、私は対話によるアウトプット、インプットはしたほうがいいし、するべきだと思う。

理由はいくつかあるのだが、まず、アウトプットに関していえば、言語以外のリアクションが得られることが大きい。

こちらの話を本当に面白いと思っているのか、どこがわかりにくいと思っているのかは、相手のリアクションを観察していればすぐわかる。表情、視線、姿勢は何より雄弁なリアクションだ。心から「いいね！」と思っているかどうかが、一目瞭然なのだ。

わかりやすいリアクションほど良質なフィードバックはない。それを得続けていけば、自然とアウトプットは上手くなる。

インプットに関していえば、これはそこでしか得られない情報に出会えることに尽きる。

ググればわかるのは、誰かがデータ化したものだけだ。読めばわかるのは、誰かが書いたものだけだ。世の中には、データ化も文字化もされていない情報があふれている。普段そのことに気づきにくいのは、データ化も文字化もされていない情報に接することが少ないからだ。だからこそ、これらの情報には価値がある。

なので、リアルタイムの対人アウトプット、インプットには大きな意義がある。

リアルタイムの対人アウトプット、インプットと書いてしまうとなんだか手強いが、実際に意味するところは、対話である。ただのおしゃべりと違うのは、そのときにアウトプット、インプットを意識するかどうかである。

素人であることは最高の名刺である

以前、『週刊東洋経済』で連載をしていたとき、大手から知る人ぞ知る中堅どころまで、メーカーを取材して歩いていた。取材でないと入れない場所に入りたい、取材でないと会えなそうな人に会いたいというのが動機だった。

取材には、編集者とライターが同席する。すると、彼らの質問には先方も警戒しながら答える。おそらく、書いて報じるプロに対して警戒心があるのだろう。

ところが、私にはさほど警戒しないのだ。なんだか好奇心のありそうな人も一緒にやってきて、ちょこちょこと質問をしているな、といった具合なのだろう。

相手がアウトプットの素人だと思うと、話す側のガードは下がるのだ。

その連載であちこちへ取材に行くたびに、このことを実感した。

この本を読んでいる人の多くは、取材のプロではないだろう。それは実にラッキーだ。聞きやすく、教えてもらいやすい立場にいるということになるからだ。

誰かに話を聞くときに、素人であることを恥じる必要はない。相手がプロならそこに敬意を示す必要はもちろんあるが、だからこそ、知りたいことを正直に聞いて教えてもらえばいい。

そして、取材は素人でもできることを知っておいたほうがいい。

何かに興味を持ち、直接話を聞いてみたいと思う人がいるなら、ＳＮＳで連絡を取って、時間をとってもらえないかを尋ねてみたらいいと、本気で思う。

そのときには、取材でもなんでもなく、単に興味を持ったからと正直に言えばいい。関心を持たれて、嫌な思いをする人は少ない。

案外と、あっさり会えるかもしれない。もちろん、あっさり断られるほうが多いだろう。しかし中には、会ってくれる人もいる。断られると思うからアプローチすらしない人が多い中、あえて会いたいと言ってくる素人に興味を持つ人は必ずいるのだ。

新聞記者になるな、総合週刊誌記者になれ

マイクロソフトの社長だった頃、私は何人もの新聞記者・雑誌記者に会い、何度も取材に応じてきた。それが仕事だったので、多少、間違ったことを書かれても、抗議などはしなかった。

唯一の例外は、社長を退任したときだ。とある全国規模の経済新聞の記者が、私の退任は自主的なものではなく、アメリカの意向による解雇だと書いたのだ。当然、事実無根である。さすがにこのときは正式に抗議をしたが、それ以外は

何を書かれても、さほど気にしていなかった。

それに、私は記者を観察するのが好きだった。どういう質問をするのか、どんな風に話を展開するのか、その結果がどんな記事になるのかを、観察するのが好きだったのだ。

彼らのうちの何人かは、本筋と離れる話題を嫌った。たとえば、今年の販売戦略なら今年の販売戦略に関してだけ話を聞きたがり、「そういえば」と話がそれることを嫌ったのだ。

しかし何人かは、その「そういえば」に食いついた。その先に、未知の話がある可能性をかぎ取っていたのだろう。今も付き合いがあるのは、この手の記者ばかりだ。

その後、マイクロソフトを離れると、なぜだか総合週刊誌記者との付き合いが増えた。そして、この人たちの「そういえば」への食いつきの良さに驚かされた。

それはこういうことなのだろう。

経済記者は経済だけを、小売業界担当記者は小売業界だけをウォッチしている。しかし、総合週刊誌記者は、すべてが取材対象であり、これは自分の仕事とは無関係と断じることのできる分野を持たない。

なので、どんな話にも関心が高い。アウトプットが前提だから、インプットに熱心なのだ。

ひどいときには〝取材をお願い〟してインプットを得ようとするのではなく、「何かないですか」と御用聞きの三河屋かと言いたくなるようなこともあるし、「こういう企画でこういうことをしようと思っているんですが、ここをお願いできませんか」と、まるでこちらを編集部の一員のように扱って〝相談〟してくることもある。

しかし、それが案外悪くないのだ。取材のお願いと言われると多少かしこまるのだが、相談と言われると、まあそれくらいならと気軽に答えたくなってしまう。あなたに相談したいと言われ、その相談に乗れない人間は、それほど多くないのだろう。

週刊誌の記者はそれを知っているのではないかと思う。

なので、人の話を聞くときは、新聞記者を気取って「聞かせろ」「話せ」と迫ってはならない。総合週刊誌記者たるべきだ。

相手のディテールは直前に確認しろ

オファーが実を結び、会ってみたい人に会えることになったら、きっとその人のことを調べるだろう。ネットで調べるだけでは物足りず、著書があればそれも読むに違いない。

会って話を聞くというインプットの前に、予備的なインプットが発生することになる。

ただし、この予備的なインプットには、最適なタイミングがある。直前に限るのだ。

なぜなら、だいぶ前にインプットしても、それは忘れてしまうからだ。残念ながら我々は、忘れてしまう動物だ。

なので、プレインプットは直前に行う。行うというよりも、再度、行うというのが正確だ。

たとえば、ネットで調べたことは、直前に復習する。会いにいくための電車の車内でもう一度チェックする。読んだ本は、付箋を貼ったところだけ読み返す。

また、相手のことをろくに調べずに話を聞きにいってはならない。相手に失礼とかそういう話以前に、時間がもったいないからだ。

相手は、自分のことがどれだけ知られているかをわかっていない。何も調べていないのか、ネットでは調べたのか、本も読んだのかは、相手にはわからないのだ。

だから、こちらから、どの程度下調べをしたのかをそれとなく伝える必要がある。

そのときにキーになるのがディテールだ。

たとえば、私に会いにくる人がいたとして、その大半は元マイクロソフトの社長であること、現在、ＨＯＮＺを主宰していることなどは知っているだろう。しかし、私が北海道札幌西高校の出身であることや、女優の田中裕子《たなかゆうこ》とその高校で同級生であることまでは知らないはずだ。

なので、このことを相手が知っていたなら、よほど下調べをしてきたか、札幌西高出身者であるか、どちらかであることがすぐわかる。

するとこちらも「私は北海道の出身で」などという説明はする必要がないことがわかるし、調べてもわからないような話をしようという気持ちにもなる。

人を褒めるならアウトプットを褒めろ

聞いていることに対してなかなか答えてもらえない、教えてほしいと思っていることにたどり着けない理由が、相手が自分に心を開いてくれていないからだと感じることもあるかもしれない。

そういうこともある。そして、心を開いてもらえない理由は、聞く側にある。

人は、自分を知ってもらっていると思うと安心する反面、警戒する面もある。

私も、出身高校を知っていると言われるくらいならよく調べてきたなと感心するだけだが、出身中学、小学校、当時の担任の先生まで知っていると言われたら、この人は何者だろうと思うだろう。

どの程度まで知られていると警戒心を抱くのか、その閾値《いきち》は人それぞれだ。だから、どの程度までこちらの手の内を明かしてもよく、どの程度以上はよくないというラインは引きにくい。

ただし、警戒心を弱めてもらう方法はある。

それは、相手の仕事をリスペクトしていることを伝えることだ。

ここで重要なのは、リスペクトの対象を相手の存在そのものではなく、アウトプットとすることだ。

初対面の職人と話をすることをイメージしてほしい。頑固で、無口で、弟子に厳しい職人だ。

その職人に、どうやって心を開いてもらうのか。

職人の顔や体つきを褒めても、お世辞を言っているだけだと流される。

職人の作品に高い値段がついていることを褒めても、だからなんだと思われるだろう。

そこで、職人のアウトプットを褒める。作品をそのまま素直に、美しいとか素敵だと言えばいい。

これは農家の方と話したときにつくづく感じたことでもある。

どれだけ畑が整備されていて、それを褒めたとしても、彼らにはそれは響かない。彼らのアウトプットは美しい畑ではないからだ。

彼らのアウトプットはそこで作っている作物だ。

キュウリなり、トマトなり、その場でもいで「ほら」と差し出されたら、ありがたくその場で食べる以外の選択肢はない。

そこでの遠慮はマイナスにしかならない。きちんと食べて、具体的かつ最大限の賛辞を贈るべきだ。

そして、ここは見落としがちだが、作品や作物ばかりがアウトプットではない。

その職人に弟子がいれば、農家に後継者がいれば、弟子や後継者のことも褒めるべきだ。この場合は、どこを褒めてもいい。存在そのものを褒めるのでも構わない。

なぜなら、人材もまた、育てる人のアウトプットだからだ。

職人や農家でなくても、アウトプットを褒められて嫌な気がする人はいない。人を褒めるならアウトプットを褒めるべきだ。そのためにはもちろん、その人のアウトプットにどのようなものがあるのかに関心を持たなければならない。

素朴すぎる疑問は場の空気を変える

訪日したビル・ゲイツが、マイクロソフトのオフィスにやってきたことがあった。

当時、マイクロソフトは20階建てほどの建物に入居していた。たしか、受付は9階にあったと記憶している。1階にはその建物全体のエントランスがあり、9階にはマイクロソフトのエントランスがあったというわけだ。

エントランスには、マットがつきものだ。靴底の泥汚れを落とすためのマットである。

それは1階のエントランスにも、9階のエントランスにも用意されていた。ビルは9階にもマットがあることに気づくと、こう尋ねてきた。

「このマットの1カ月あたりのレンタル費はいくらなんだ」

聞かれたほうは驚いた。創業者が、日本法人の無駄使いを厳しく指摘したと受け止めた上、その場に即答できる人間がいなかったからだ。

しかし、ビルは単に知りたかっただけなのだ。知りたかったマットのレンタル代を知り、ただそれだけだ。

素朴すぎる質問は、時に相手をビビらせる。

そのことはしばらく忘れていたのだが、自分でも取材をする側になって、少しずつ思い出してきた。

本当は誰でも、気になることがあると、それが些細なことであっても、その場で質問をしたくなるはずだ。それなのに空気を読んだり段取りを考えたりして、つい後回しにするのではないか。

しかし、その素朴すぎる疑問は、格好のアイスブレイクになる。それまで堅苦しかった場の雰囲気も、「そこですか」と柔らかくなるのだ。

ただ、あまりに細かいので相手が答えられないこともある。「調べておきます」「後ほど」となることもある。

すると不思議と、相手がプロであればあるほど、そのものズバリに答えられなかったお詫びのような形で、とっておきの話をしてくれることが多い。

素朴な疑問を封印することは、そこでしか聞けない話に蓋をすることになる。

それに、相手は、答えられないこと、答えてはならないことになっていることについては回答を避けるので、聞いてはならないことなのかもしれないと自粛する必要はない。

おとり捜査や証人喚問ではないのだから、「答えられません」といった意味のことを言われたら「そうでしたか」で済む。

話したいことを話させろ

人間は、聞きたいことを聞き、信じたいことを信じ、話したいことを話す動物だ。聞きたいことを聞くとは、自分に都合の悪い話に耳を塞ぐことであり、信じたいことを信じるとは、的を射た忠告を自分から遠ざけることである。

それと同様に、人間は、話したくないことは話さない。ただし、話してもいいことなら、話したいことを話した後で、話すこともある。

なので、相手が聞きたいこととは別の話を延々としていても、そこで遮るのは得策ではない。話したいものがある人には、それを話してもらうしかないのだ。

そうして話して満足すると、話していた側は、自分の話したいことばかり話し、相手の聞きたいことを話していないことに気がつくことがある。するとそこから、聞きたいことはなんでも聞いてくれという態度に転じることがある。

ターンがこちらに回ってくるのだ。

これを待てずに、相手の話を遮って、こちらの聞きたいことを聞き出そうとしてしまうと、相手の心を閉ざしかねない。

相手の話したいことばかりを聞かされていては、自分の聞きたいことを聞く時間がないと思うなら、それは早計にすぎる。

時間切れになったのなら「まだ聞きたいことがある」として、次の約束を取りつければいいのだ。

そうして次の〝取材〟の際には、前回の話で知り得たディテールをこちらから提示し、その話は済んでいることを暗に示す。

それでも、どんなに次の機会を設けても、自分のしたい話だけをする人もいる。その場合は、自分一人で立ち向かうのはやめたほうがいい。

明るい専門家には明るい専門家をぶつけろ

自分一人では相手の話を受け止めきれないと思ったら、援軍を頼むに限る。一緒に話を聞きにいく相手を募るのだ。ただし、誰でも援軍になれるわけではない。相手のアウトプットを引き出すには、援軍もしっかり選ぶ必要がある。

何年か前に、大阪大学大学院で素粒子物理を研究している、昭和48年生まれの橋本幸士《はしもとこうじ》教授に話を聞きにいったことがある。理化学研究所が公開しているユーチューブでの語りがとても面白く、著作もこれまた面白く、個人的にアポを取ってのこのこと出かけていったのだ。

私はサイエンス関連の読み物が好きで、素粒子に関する本も何冊も読んでいる。しかし、素人だ。40歳そこそこで阪大院の教授になるような天才の話をどれだけ聞き出せるか、自信がない。

そこではたと、もう一人の天才に思い至った。仲野徹《なかのとおる》である。

彼は私にとってはHONZの仲間でもあるが、この人も阪大の医学系の教授で、病理学の専門家だ。思えば仲野さんのことも私はネットでその存在を知り、のこのこと会いにいっていたのだった。

橋本さんに会うときに、その仲野さんも連れていった。すると、大正解だった。

そこではじめて、私は仲野さんも史上最年少だったか二番目だったかの若さで阪大の教授になっていたことを知ったし、理系と大ざっぱにくくられる彼らの間にも、可視化されていないヒエラルキーのようなものがあるのが感じられた。どちらのアウトプットも、仲野徹という援軍がいなければ得られなかったものだ。

ただし、単に素粒子物理の専門家に、病理学の専門家を引き合わせたわけではない。

どちらの専門家も、実に私好みだったので、きっと相性がいいだろうという予感もしていた。だから、二人の会話を聞いてみたいと思ったのだ。

私好みとは、明るいということだ。人との話を楽しむタイプということだ。

この世に素粒子物理や病理学の専門家が何人いるのか知らないが、そこで、明るい人ランキングを作ったら、橋本さんも仲野さんも、かなり上位に食い込むだろう。だから、会話を楽しめるのだ。

どれだけ専門知識があっても、会話を楽しむためにそのせっかくの知識を使うのを良しとしない人もいる。私はその人たちに援軍を依頼することはない。

裏を返せば、明るい人同士はどんどんつないでいくということだ。

そのうち、私抜きでつないだ人たちだけで会ったり飲んだりすることも出てくるのだが、それでまったく構わないと思っている。面白い人を私だけで独占するつもりはない。私がつなぐことで、つながなければ得られなかったであろうアウトプットがごく僅かにでも手に入れば、それで十分だ。

最近この二人は、新刊のPRも兼ねて、揃ってトークショーをしたようだ。何よりである。

苦手な人には近づくな

苦手なタイプのアウトプットはしなくてもいいのと同じように、苦手な人から無理にアウトプットを引き出す必要はない。この世の中に、嫌な思いをしてまで引き出さなくてはならない情報などないからだ。

未解決事件に臨む捜査官、不正を突き止めようとするジャーナリストなどでない限り、無理に苦手な人と向き合って、何かを話させることはない。基本的に、話は話をしたい人から聞けばいい。どんな人とも仲良くするなど、どだい無理だ。

それに、苦手なものを克服しようとすると、インプットに満足してしまいかねない。苦手な、嫌いな人と30分話せた、1時間同じ場所にいたということに満足感、達成感を得てしまい、そのインプットがなんのためのものだったのかを、忘れてしまいがちなのだ。

本来の目的を霞《かす》ませてしまうような達成感など、得られないほうがいい。だから、無理をして苦手な人の話を聞いてはならないのだ。

もしも営業マン、営業ウーマンがこの本を読んでいるのなら、この部分は声を大にして伝えたいし、活字を大きくして印刷してもらいたいと心の底から思うのだが、嫌な相手に売りにいって、仮に売れたとして、嫌な思いをするのならそれはマイナスだ。

苦手だけれど、嫌いだけれど、いつか役に立つかもしれないからとする勉強も同じ。そんなもの、やらないほうがいい。

そこにあるのは、いつか役に立つかもしれない、いつかお金を稼げるかもしれないという下心だ。しかし、現実に何かが役に立った、お金が儲かったとしたならば、それは結果論。好きでも楽しくもないことでは、そこまでに至らない。

いつか役に立ったりお金を稼いだりできるかもしれないし、できないかもしれないけれど、していて楽しいから、面白いからという動機がないと、人付き合いもアウトプットも何もかも、継続はできない。

そういうわけで、苦手な人には近づいてはならないのだ。

飲み会は情報収集には不向き

人はなぜ酒を飲むのか。

第一にはそこに酒があるからだと私は思うのだが、では、誰かを誘って飲みに行くのはなぜかというと、その誰かと仲良くなりたいからだ。

まず、一緒に飲むということは、同じ空間で1~2時間を共有し、会話を楽しむということだ。職場の同僚なら数時間、一緒にいることもあるだろうが、そうではない相手と、たとえ1時間でも同じ空間に一緒にいる時間を作ろうとすると、なかなか難しいだろう。ノンアルコールの食事では1時間はもつかもしれないが、2時間はもたない。一緒に映画に行けば2時間はもつだろうが、そこでは会話ができない。そこで、2時間なら2時間、一緒に楽しくすごし、その結果として仲良くなるために、酒を飲むのである。

目的は仲が良くなること。なので、インプットには向かない。

酔った相手から何かを引き出そうとしても難しいし、そんなことはしないほうがいい。聞きたいことは、夜の居酒屋ではなく、昼の会議室で聞いたほうが正確だし、メモもとりやすいし、いいことばかりだ。

飲んだなら、こちらからどんどんアウトプットをしたほうがいい。すると、酒でご機嫌になった相手からは、いつもと違うリアクションが得られるかもしれない。

そのいつもと違うリアクションとは、素面《しらふ》の相手からは引き出せないリアクションである可能性が高い。

アウトプットはリアクションをフィードバックに変えるためのものなのだから、そのバリエーションは多ければ多いほどいいわけで、すると、可能なら毎日別の人と飲みにいき、同じアウトプットをし、フィードバックを集めまくって、それを翌日以降のアウトプットに反映させるのがいい。

なので、誰かと飲みにいって黙っているのは愚策だ。どんどんアウトプットしたほうがいい。

なお、私は自分が飲みに誘った場合は、原則として、そこの勘定は自分で持つ。ちょっと高そうな店なら、相手に予め宣言しておく。お金のことを気にせずに飲んでもらえるからだ。

原則には例外もある。誘ってもワリカンにすることもあるのだ。ただしそれは、会場が誰もが認める安い店である場合に限る。あえて、1500円くらいを徴収する。ケチだからではない、あまりご馳走してばかりでは相手も恐縮するだろうし、安い店でわざわざワリカンにすることを面白がる人に、悪い人はいないとも思っている。

失っては困るものが大きな人は信用できる

面白い人とはどんどん付き合い、人に紹介もしていけばいい。

しかし、中には悪い奴、それも自分が悪い奴と自覚していない悪い奴もいて、こういう人間のことをそれと見抜くのは難しい。なにせ、本人に悪いことをしているという自覚がなく、自分自身に自分自身を善人であると思い込ませているのだから、他人をそう思わせることなどたやすいのだろう。

なので、見ただけ、話を聞いただけではその人が信用に足るかどうかはわからない。わかるのはその人が、男女問わず、自分にとって好みのタイプかどうかだけである。

そこで、ほかの評価方法に頼ることになる。

私の場合はその人がどんなアセットを持っているかに注目している。

それはたとえば資格だ。

中にはトンデモもいるのだが、旧司法試験に合格した弁護士や、医師などは、その資格を得るためにそれなりに勉強をし、努力をしているはずだ。そういう人が、私からたとえば100万円をだまし取ろうとするだろうか。

その確率はゼロではないと思う。しかし、それを盗ったことが世間に知られ、現在の職を失うようなリスクの高い行動を選択する人は、そう多くないと思う。今、失っては困るものを持っている人は、目の前の100万円に目がくらむことはないと思うのだ。

ただしもちろん、例外はあるし、弁護士や医師は全員が人格者だと言いたいわけでもない。

人間関係もまた、失っては困るものだ。

人が人との約束を守るのは、それが当たり前でもあるし、約束を破ったことを吹聴《ふいちょう》されたくないからでもあるだろう。仕事であれば、どんなに嫌なものでも最後までやるという人は少なくないと思う。それは、投げ出したら信頼を失い、それを二度と取り戻せないとわかっているからだろう。

その意味で、自分の名前で、何年も仕事をしてきたような人は信頼できる。もしもその人が仕事を途中で投げ出すような人なら、今日まで、その仕事で生計を成り立たせ続けることは、できなかったはずだからだ。また、今からその立場を失いたくもないだろう。

その仕事が、まったく新しい土地でもできるようなものならば、人を裏切っても新天地を求めればいいだけかもしれないが、案外と、そういう仕事は多くない。

その一方で、たとえば、50歳くらいの大企業の部長職にある人などについては、私は懐疑的に思っている。

なぜなら、先が見えているからだ。経営陣候補になっているのなら話は別だが、出世の芽がない、出向先もないといった状況に置かれているような人は、危うい。こういう人に限って、勝ち目の薄い一か八かの大勝負に出ることがある。それは「今を失ってもいい」と捨て鉢になっていないとできないことなので、その人を信用して付き合うかどうかは、慎重に判断する必要がある。

子どもに最も影響を与えるインプットは親の姿

惜しみなくアウトプットしている面白い人の周りには、人が集まってくる。アウトプットすることは、良質なインプットをしやすくすることでもある。

それはアウトプットをする本人にとって大きなプラスだが、本人以上に、その好循環の影響を受けるのは子どもである。

私の周りで、社会人になってぐっと伸びた新卒は、ほとんどが経営者の子どもだった。経営者イコール金持ちという意味ではない。ときには食卓で生々しく、やれ資金繰りがリストラがと話しながら、必死に経営に取り組み、その姿を子どもに見せてきた親という意味だ。

一方で、嫌々仕事をしているサラリーマンの子どもは伸びない。子どもにはよくわからない会社という場所に出かけていって、そこはどうも面白くなさそうで、それでも金のために通っている親を持つ子は、伸びないのだ。

仕事への真剣度が違うからだろう。

経営者は、自分の人生だけでなく従業員の人生も背負っているから、真面目に仕事に取り組む。サラリーマンは毎日会社に通うことについては真面目だけれど、仕事の内容に関しては、最初は真面目にやっていたかもしれないが、定期的な人事異動でキャリアがリセットされているうちに、だんだんとやる気がなくなってくる。子どもはそれを敏感に感じ取る。

よく、政治家や教師、警察官は世襲が多いというが、それもそのはず、親を見て、親のようになりたいと思うから子はその道を選ぶのだし、親もその道で良かったと思うから子どもにその道をすすめるのだろう。

さて、では子を持つサラリーマンの親はどうするべきか。

私は会社をやめるべきだと思う。そして、自分の体を使って経営とは、仕事はどういうものかを見せられるように、起業をすべきだと思う。

苦労もするだろうし、上手くいかないこともあるだろう。サラリーマン時代よりも収入は減るかもしれない。

極論に聞こえるかもしれないが、メガバンクが何万人という単位でリストラを進めると言っている以上、その影響は、地銀、信金、回り回ってあらゆる企業に及び、サラリーマンは激減する。いつまでもサラリーマンではいられないのだ。

サラリーマン失格と言われる日を待つのか、早々に自分から見切りをつけるのか、この差は大きい。第1章で触れたAIに奪われない仕事の大半は、会社に所属していなくてもできるものばかりだ。アウトプットにはさまざまあるが、起業こそが最もリターンの期待できるアウトプットと言える。

成毛 眞
なるけ・まこと
1955年北海道生まれ。中央大学商学部卒業。自動車部品メーカー、アスキーなどを経て、1986年日本マイクロソフト株式会社入社。1991年同社代表取締役社長就任。2000年に退社後、投資コンサルティング会社・インスパイア設立。2010年書評サイト「HONZ」を開設、代表を務める。早稲田大学ビジネススクール客員教授。著書に『面白い本』(岩波新書)、『情報の「捨て方」』(角川新書)、『大人はもっと遊びなさい』(PHPビジネス新書)、『AI時代の人生戦略』(SB新書)、『理系脳で考える』(朝日新書)、『発達障害は最強の武器である』(SB新書)など多数。

ポプラ新書
148

インプットした情報を「お金」に変える
黄金のアウトプット術
2018年4月9日 第1刷発行

著者
成毛 眞

発行者
長谷川 均

編集
村上峻亮

発行所
株式会社 ポプラ社
〒160-8565 東京都新宿区大京町22-1
電話 03-3357-2212(営業) 03-3357-2305(編集)
振替 00140-3-149271
一般書事業局ホームページ www.webasta.jp

ブックデザイン
鈴木成一デザイン室

印刷・製本
図書印刷株式会社

N.D.C.007/204P/18cm ISBN978-4-591-15872-2

ポプラ新書　好評既刊

自分のことだけ考える。

堀江貴文

勇気を与える、ホリエモン初のメンタル本！　他人の目が気になる、人前に出ると緊張が止まらない、悪口を引きずってしまう、モチベーションを持続できない……。こうした心の悩みを抱え、自分のやりたいことにブレーキをかけてしまっている人は多い。我慢せずに無駄なものを遠ざけ、心をフラットに生きる方法。

ポプラ新書　好評既刊

好きなことだけで生きていく。

堀江貴文

「断言しよう。人は好きなことだけして生きていける。それは、例外なく、あなたも――」。12万部突破！　他人、時間、組織、お金、欲望などにふりまわされず、自分の「好き」を生きがいにするため、どう考え、どう行動すればいいのかをホリエモンが明快に説く！　最初の一歩を踏みだすことができない不器用な人たちに勇気を与える最強の人生指南書。

生きるとは共に未来を語ること　共に希望を語ること

昭和二十二年、ポプラ社は、戦後の荒廃した東京の焼け跡を目のあたりにし、次の世代の日本を創るべき子どもたちが、ポプラ（白楊）の樹のように、まっすぐにすくすくと成長することを願って、児童図書専門出版社として創業いたしました。

創業以来、すでに六十六年の歳月が経ち、何人たりとも予測できない不透明な世界が出現してしまいました。

この未曾有の混迷と閉塞感におおいつくされた日本の現状を鑑みるにつけ、私どもは出版人としていかなる国家像、いかなる日本人像、そしてグローバル化しボーダレス化した世界的状況の裡で、いかなる人類像を創造しなければならないかという、大命題に応えるべく、強靭な志をもち、共に未来を語り共に希望を語りあえる状況を創ることこそ、私どもに課せられた最大の使命だと考えます。

ポプラ社は創業の原点にもどり、人々がすこやかにすくすくと、生きる喜びを感じられる世界を実現させることに希いと祈りをこめて、ここにポプラ新書を創刊するものです。

未来への挑戦！

平成二十五年　九月吉日　　株式会社ポプラ社